Birkhäuser Verlag
Basel · Boston · Berlin

Autor:

Guerino Mazzola
Institut für Informatik
Universität Zürich
Andreasstrasse 15
CH-8050 Zürich
mazzola@ifi.unizh.ch

2000 Mathematics Subject Classification 00A06, 00A71, 68N99, 68P05, 68U35

Bibliographische Information der Deutschen Bibliothek
Die Deutsche Bibliothek verzeichnet diese Publikation in der Deutschen Nationalbibliografie;
Detaillierte bibliografische Daten sind im Internet über http://dnb.ddb.de abrufbar

ISBN 3-7643-7745-3 Birkhäuser Verlag, Basel – Boston – Berlin

Umschlag:
Grammophon: Donald B. Cheke, www.textualcreations.ca, erstellt mit TurboCAD Pro.
AIBO: Mit freundlicher Genehmigung von Sony Schweiz.

© 2006 Birkhäuser Verlag, P.O. Box 133, CH-4010 Basel, Schweiz
Ein Unternehmen von Springer Science+Business Media
Umschlaggestaltung: Martina Ziegler, Birkhäuser Verlag AG, CH-4051 Basel, Schweiz
Gedruckt auf säurefreiem Papier, hergestellt aus chlorfrei gebleichtem Zellstoff. TCF ∞
Printed in Germany
ISBN-10: 3-7643-7745-3
ISBN-13: 978-3-7745-8   e-ISBN: 3-7643-7746-1

9 8 7 6 5 4 3 2 1   www.birkhauser.ch

Vorwort

Das vorliegende Buch ist aus Vorlesungen über Musik- und Audioinformatik hervorgegangen, die ich seit 1999 jährlich am Institut für Informatik der Universität Zürich gehalten habe. In der Schweiz ist dieses Fach in dieser Form an einer Hochschule erstmals gelehrt worden, ein Sachverhalt, welcher die elementare Präsentation des Materials erklärt. Andererseits ist die der Musikinformatik zugrundeliegende theoretische Disziplin der mathematischen und rechnergestützten Musiktheorie in der internationalen Forschung und Literatur gut dokumentiert (so etwa in der Monographie „The Topos of Music" [19] des Autors), allerdings auf einem Niveau, welches in seiner formalen und mathematischen Darstellung für eine erste Begegnung mit dem Fach nicht geeignet ist.

In diesem Sinne offeriert dieses Buch nicht nur eine oft gewünschte Ergänzung zur Vorlesung, sondern auch eine erste Orientierung. Eine spätere Vertiefung, etwa in Richtung Soundanalyse und -synthese, MIDI-Programmierung oder mathematische Musiktheorie, schliesst sich idealerweise an eine solche Einführung an. Wir haben die Präsentation mit vielen Abbildungen angereichert und auch Musikbeispiele angegeben, um die Abstraktheit der Welt der Klänge anschaulich zu unterstützen und für das Ohr zu konkretisieren.

Das Material ist in zwei grosse Teile: Theorien (Teil I) und Technologien (Teil II) aufgeteilt. Wir geben in Teil I zuerst eine Übersicht über die gegenwärtige Entwicklung der Musik aus der Wechselwirkung zwischen Technologie und Komposition, mit besonderer Berücksichtigung der neusten Errungenschaften der Informationstechnologie. Dann erläutern wir die musiksemiotischen und -topographischen Grundlagen des Systems der Musik, weil man ohne die Frage nach der Bedeutung musikalischer Zeichenkomplexe keine sinnvolle Diskussion von Musikinformatik treiben kann. Wir diskutieren darauf aufbauend Kodierung und Programmierung musikalischer Begriffe und Objekte für Komposition, Analyse und Interpretation und geben eine Übersicht zu Industrie-Standards wie MIDI oder Music N für kreative respektive analytische Aufgaben der Darstellung und Verarbeitung. Wir besprechen dann die zentralen Darstellungsmethoden für physikalische Klangobjekte in Synthese und Analyse: Fourier, FM, Wavelets und Physical Modeling. Wir vertiefen die Diskussion der Fourier-Theorie durch die Präsentation des FFT-Algorithmus und seiner Anwendung in der Soundtechnologie. Wir geben insbesondere eine Darstellung des wichtigen Kompressionsformat MP3 für Audiodaten.

Nach diesen fundamentalen Ansätzen, welche verschiedene Formate für Musik- und Audio-Objekte erkennen lassen, folgt abschliessend für den ersten Teil eine Einführung in die universelle Darstellungssprache der Denotatoren und Formen für musikalische Objekte, welche in der aktuellen Forschung angewendet wird. Teil II beginnt mit der Anwendung der Sprache der Denotatoren in der Software-plattform RUBATO (in all ihren Versionen von der NEXTSTEP-Implementation über die Version für Mac OS X bis zu aktuellen Java-Implementation RUBATO Composer) für computergestützte Analyse, Komposition und Interpretation von Partituren. Anschliessend diskutieren wir Methoden computergestützter Komposition: Standard-Sequenzer, die syntaktische Software MAX und die paradigmatische Software presto. Wir orientieren über Methoden der Navigation im Begriffsraum der Musik. Abschliessend werden Möglichkeiten und Grenzen einer "Musikenzyklopädie des Informationszeitalters" im Licht von Knowledge Science und Collaboratories umrissen. Dabei diskutieren wir die Perspektive einer verteilten globalen Musiktechnologie und -kultur, wie sie sich etwa durch den iPod sowie Internet-basierte Musikdistribution, -produktion und -komposition abzeichnet.

Roland Bärtschi, der in einer Diplomarbeit die Text- und Bildvorlagen der Vorlesung mit LaTeX in ein ansprechendes Buch umgebaut und oft mangelhafte Vorlagen in eine akzeptable Form verwandelt hat, möchte ich an dieser Stelle für seinen Einsatz herzlich danken. Meiner Frau Christina und meinem Assistenten Stefan Göller danke ich für Korrekturlesen und Aufbereitung für die Internetversion der Vorlesung. Ganz speziell bedanke ich mich bei meinem Mentor Peter Stucki am Institut für Informatik, der als Leiter des Multimedia Labs der neuen Disziplin der Musikinformatik auch in der Schweiz auf der Hochschulebene eine Chance gegeben hat.

Zermatt, im März 2006   Guerino Mazzola

Inhaltsverzeichnis

Teil I

Theorien

Kapitel 1

Wechselwirkung von Komposition und Technologie

Übersicht. In der Computer-Community ist das Learning by Doing eine wichtige Grundhaltung und Einsicht. Diese Einsicht wurde in der H@E-Studie [20] analysiert hinsichtlich des Verhältnisses Wissen–Können. Es geht dort um die Frage, wie viel eigentlich Wissen von Können unterscheidet. Die jetzige Entwicklung deutet darauf hin, dass Wissen ohne Können immer suspekter wird. Das heisst, Wissen wird zu einer Zugreifoperation auf Information, und Wissen, das nur in einer abstrakten Sphäre behauptet wird, kann nicht mehr bestehen.

$$- \Sigma -$$

Wortgebrauch ohne vertretbare Einlösung der Wortbedeutung kann damit nicht mehr akzeptiert werden oder muss allenfalls explizit deklariert werden. Ich zitiere dazu aus dem Buch „Developing Object-Oriented Multimedia Software" [1] von Philipp Ackermann:

> The fact that theoretical knowledge is considered superior to practical knowledge seems to be a cultural problem which also influences software design. By neglecting practical experience, we overestimate abstract conceptual thinking. Even at computer science departments some scientists behave as if concrete programming were menial work, something for less-skilled persons („for retrained workers, not for sophisticated intellectuals"). In misunderstanding the role of making we have a one-sided opinion of thinking. In arguing against this conception, this chapter points out that the computer is a tool which opens a great opportunity to bring together both, practical as well as theoretical, concrete as well as abstract concerns. In this sense, computers are viewed as catalysts which can accelerate operative thinking.

1.1 Wissen

Wir wollen Wissen nicht als passiven Zustand, sondern als Aktivität, die immer nur durch ihren Vollzug zu sich selber kommt definieren. Dies ist auch der Gesichtspunkt, den Niklas Luhmann in seinem Werk „Die Wissenschaft der Gesellschaft" [17] einnimmt. Wir definieren daher:

> Wissen ist geordneter Zugriff auf Information.

Eine solche Operationalisierung des Wissensbegriffs und damit des Denkens hat im Musikdenken eine sehr lange Tradition, die sich auch darin ausdrückt, dass immer schon Instrumente und damit die aktuelle Technologie im Musikdenken eine grosse Rolle gespielt haben.

> Musikwissen beinhaltet also zunächst Zugriff auf Tongebilde und Navigation in raumzeitlich variablen Tonordnungen. Auf abstrakterer Ebene wird dieser Zugriff komplexer und mittelbarer, aber er kann nicht umgangen werden.

Ferrucio Busoni hat in seiner 1906 aufgezeichneten und Rilke gewidmeten Aesthe-

Abbildung 1.1: Cahills Dynamophon

tik der Tonkunst [7] neue Tonsysteme gefordert, eine durchaus auch technologisch gemeinte Aufforderung, die grosse Auswirkung auf die Musiktechnologie hatte. Busoni schwärmte vom Dynamophon, vom amerikanischen Ingenieur Thaddeus Cahill 1900 in Washington gebaut (Bild 1.1). Das Dynamophon war 200 Tonnen schwer und wurde für Telefon-Musik eingesetzt, man konnte sich über das Telefon Musik anhören, das war so etwas wie die Urform des heutigen Musikformats MP3 für Sound-Daten.

Historisch ist die operationelle Grundhaltung schon bei Pythagoras von Samos (ca. 570 - ca. 497 vor Christus, Bild 1.2 links) erkennbar. Es ging bei den Pythagoreern um die tätige Einsicht in die metaphysische Tetraktys, dem Symbol der vollkommenen kosmischen Harmonie (Bild 1.2 rechts).

Die Tetraktys mit ihren 10 Punkten (10 war eine heilige Zahl) war nicht nur Gegenstand der Reflexion, sondern wurde durch Bespielen des Monochordes und der Lyra (Bild 1.2 Mitte) tätig nachvollzogen. Die Saiten der Lyra stellten Planeten dar: Saturn, Jupiter, Sonne, Mond, Mars, Venus, Merkur. Auf jedem Planeten sass eine Sirene mit einem Ton der Sphärenharmonie. Der Zusammenklang der

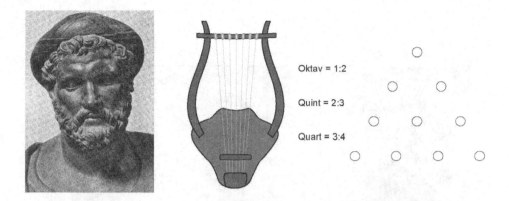

Oktav = 1:2

Quint = 2:3

Quart = 3:4

Abbildung 1.2: Pythagoras (l), Lyra (m) und Tetraktys (r)

Sphärentöne erzeugte die Harmonie der Sphären. Siehe Bartel L. van der Waerdens Buch „Die Pythagorcer" [34].

Diese Haltung ist später mit der Begründung der Musik durch ihre unmittelbare (also nicht metaphysisch vermittelte) Seelenwirkung, wie sie von Descartes in seinem compendium musicae 1618 [10] beschrieben wurde, verloren gegangen.

1.2 Historische Arbeiten

Heute haben sich die im 17. Jahrhundert aufgespalteten Perspektiven der symbolischen und der psychologischen Realität von Musik wieder versöhnt. Die seelische Wirkung von Musik ist zwar ein Thema, aber nicht als zwingende Begründung für Musiktheorie; allenfalls als Testbereich für die kognitive Relevanz von symbolischen Ansätzen. Der Vergleich mit Chemie in der Pharmazeutik macht die heutige Situation deutlich: Die chemische Formel beispielsweise von Valium ist zwar eine wichtige Perspektive struktureller Beschreibung. Es wäre gefährlich und technisch illusorisch, Pharmazeutika ohne genaue Kenntnis ihrer Strukturformel zu produzieren und zu verkaufen. Aber die Wirkung von Valium auf die Psyche ist eine ganz andere Sache, die seelische Realität der Wirkung chemischer Substanzen ist eine eigene Perspektive, die durch die Strukturformel nicht gänzlich verstanden werden kann.

Im Geist der mathematisch-musikalischen Einheit, wie sie seit Pythagoras in den mittelalterlichen sieben artes liberales (quardivium: Arithmetik, Geometrie, Musik, Astronomie und trivium: Grammatik, Rhetorik, Dialektik) noch herrschte, hat anfangs des 17. Jahrhunderts der deutsche Universalgelehrte Athanasius Kircher (1601-1680) sich unter anderem auch der Konstruktion von Musikmaschinen gewidmet (Bild 1.3).

Seine Entwürfe umfassen Skizzen von riesigen Musikorgeln, die auf dem be-

Athanasius Kirchner
1601-1680

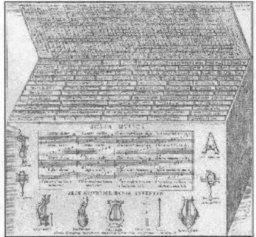

Kompositionsmaschine arca musarithmetica

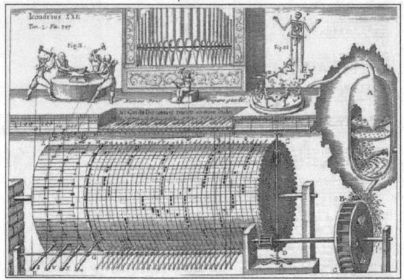

Entwurf einer walzengesteuerten Orgel

Abbildung 1.3: Athanasius Kircher, die arca musarithmetica und der Entwurf einer walzengesteuerten Orgel

Abbildung 1.4: Johann Nepomuk
Mälzels Panharmonicon

Abbildung 1.5: Johann Nepomuk
Mälzels Schachautomat

kannten Pianolawalzen-Prinzip beruhten, und den Bau einer Kompositionsmaschine „arca musarithmetica" (thematisiert in seinem Werk Musurgia Universalis) [14]. In der arca geht es darum, dass man Musik durch einen enzyklopädischen Auswahlprozess an Skalen, Harmonien und dergleichen Kompositionen zusammenstellen konnte, also ähnlich wie in Mozarts musikalischem Würfelspiel, nur weniger beschränkt. Es sollen heute noch in deutschen und englischen Museen zwei Exemplare der arca existieren.

Konkreter als Kirchers Entwürfe waren die Maschinen, die der schwäbische Universaltüftler Johann Nepomuk Mälzel um 1800 gebaut hat. Darunter finden sich insbesondere das „Mälzelsche Metronom", das noch heute als Tempo-Trigger in der Partitur-Notation und in der Musizierpraxis eingesetzt wird. Interessant ist bei Mälzel, dass dieser Scharlatan mit seinem Schachautomaten(Bild 1.5) intelligente menschliche Leistungen vorzutäuschen versuchte (der Automat wurde von einem kleinwüchsigen, gut im Inneren verborgenen Schachspieler bedient). Allerdings hat er mit seinem mechanischen Trompeter oder mit der Orchestermaschine Panharmonicon (Bild 1.4) Komponisten wie Ludwig van Beethoven angeregt, Kompositionen für seine Musikmaschinen zu schreiben (Beethovens Komposition „Wellingtons Sieg" für Mälzel).

Die Materialisierung musikalischen Denkens in zuweilen extravaganten Instrumenten hat durchaus auch seine humoristische Seite, so etwa in der Riesenharfe von Arthur K. Ferris, einem Landschaftsgärtner in Flanders, New Jersey, um 1938 (Bild 1.6).

Wenn man dieses Ungeheuer spontan belächeln möchte, so ist doch die heutige Technologie des Physical Modeling (siehe Kapitel 5 „Musikalische Klangobjekte in Synthese und Analyse") genau dazu in der Lage: Nämlich Instrumente von beliebigen Dimensionen und Materialtypen zu simulieren und deren Klang real zu produzieren.

Abbildung 1.6: Arthur K. Ferris' Riesenharfe um 1938

Abbildung 1.7: Elektronische Musik (50er Jahre des 20. Jh., Köln): Karlheinz Stockhausen

Wenn es bisher schien, als ob Musik-Instrumente immer nur zur Realisation von Visionen des Musikdenkens gedient hätten, so zeigt die frühe elektronische Musik der 50er Jahre des 20. Jahrhunderts bei Herbert Eimert und Karlheinz Stockhausen, welche damals im Kölner Studio für elektronische Musik arbeiteten (Bild 1.7), dass diese Maschinen auch Visionen zu kreieren vermochten. Stockhausen brachte Kenntnisse in der seriellen Musik von Paris von Olivier Messiaen mit. So soll bei diesen Arbeiten die serielle Operation des Parametertausches entdeckt worden sein, weil man zwei Kabel versehentlich vertauscht in die Buchsen gesteckt hatte.

Immer hat sich wie hier die Instrumentaltechnologie auch auf das Musikdenken der Komponisten ausgewirkt. In dieser Tatsache gehen gewissermassen die Sehnsüchte und Phantasien der Komponisten und die technischen Mittel aufeinander zu.

Die Integration des Instrumentes hat allerdings nicht immer zur Vertiefung des Ausdrucks geführt, sondern mitunter durch die Umkehrung des Verhältnisses von Inhalt und Mittel provoziert. So ist das Vorgehen von John Cage eine Art von Querulantentum gegen die stete Verfeinerung der Techniken. Er benutzt etwa manieristisch das Spielzeugklavier (Bild 1.9) als „neues Instrument", oder er komponiert zuallererst am Leitfaden der Uhr (Bild 1.8), also nicht die Uhr als Tempo-Messer von schon gegebenen Inhalten nutzend, sondern als eigentliche, autonome Produzentin von Musik. Im Extremfall etwa im stummen Stück 4'33", das nur einen zeitlichen Hohlraum definiert, der schlicht ein Zeitfenster zur Umgebungsakustik definiert.

1.3   Neuere Entwicklungen

Im Gegensatz zu Cage hat der griechische Komponist und Architekt Iannis Xenakis das Interface Musiker-Instrument um eine graphische Dimension erweitert. Um 1975 entwickelte er am Centre d'Etudes de Mathématique et Acoustique MUsicales

Abbildung 1.8: John Cage als manieristischer Regisseur von Uhrenmusik

Abbildung 1.9: Das Topy Piano von John Cage

Abbildung 1.10: Iannis Xenakis, um 1975 vor dem UPIC (l), eine Partiturseite der Komposition Mycenae Alpha von 1980 (Dauer ca. 43 sec)(m), UPIC (r)

(= CEMAMU) in Paris die Unité Polyagogique Informatique du CEMAMU
(= UPIC)(Bild 1.10).

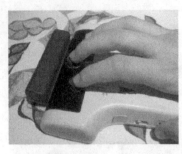

Bei Xenakis wird die mathematische Denkweise des Architekten in das Instrument integriert. Komposition wird auf mikroskopischer (Klangdefinition) und makroskopischer Ebene (Komposition von Klangagglomeraten) graphisch eingegeben. Hier wird das Interface zur eigentlichen Ebene (im wörtlichen Sinne) musikalischen Denkens. Das Instrument trägt den musikalischen Gedanken auf eine Weise, dass derselbe jenseits des Instrumentes nur noch sehr schwer begreifbar oder nachvollziehbar wäre. Im Geist von Xenakis hat auch Dan Overholt 2004 einen Sonic-Scanner konstruiert, der aus Bildern Musik macht, siehe 1.11.

Abbildung 1.11: Der Sonic Scanner von Dan Overholt

Etwa um 1978 hat Guerino Mazzola an der Universität Zürich auch erste Skizzen entworfen, Musik direkt graphisch-interaktiv zu gestalten. Bild 1.12 zeigt eine der ersten Skizzen einer musikalisch interpretierten Bedeutung eines Blumen-Motivs. Die Idee war, dass man in einem zwei- oder dreidimensionalen Koordinatenraum Zeichnungen mit Linien und Flächen in Farbe macht, welche dann als musikalische Objekte in Tonhöhe, Einsatzzeit, Dauer, Lautstärke oder Instrumentalfarbe umgedeutet und gehört werden können.

Die Idee dabei war – anders als bei Xenakis – die Benutzung von beliebigen affinen Transformationen auf einem solchen Parameterraum (Drehungen, Streckungen, Scherungen, Spiegelungen, Verschiebungen) und die darin befindlichen graphisch dargestellten Klangkonfigurationen. Diese Ideen wurden dann in der Kompositionssoftware *presto*®in lauffähige Computerprogramme umgesetzt.

Bild 1.13 zeigt eine Auswahl von Fenstern der kommerziellen Software presto[1] für Atari-Computer, welche auf Empfehlung von Herbert von Karajan 1986-1994 entwickelt und verkauft wurde. Wir werden das Konzept dieser Software in Kapitel 11 noch eingehend besprechen.

Die graphisch-interaktive Eingabe von Musikdaten, vor allem auf der Ebene der Partiturzeichen oder gleichwertiger Objekte (Pianola-Balken etwa) ist heute in allen Standard-Sequenzern ein gewohntes Bild, siehe etwa Bild 1.14, ein Fenster des Logic-Sequenzers der Firma e-magic.

Die heutige Computertechnologie hat es auch ermöglicht, Bereiche der Instrumentalmusik, die vorher schwer formalisierbar oder überhaupt fassbar waren, genauen Algorithmen zu unterstellen und so experimentelle Werkzeuge zu bauen, die neue Einsichten oder zumindest Überprüfung alter Urteile ermöglich.

Ein solches Instrument ist die an der TU Darmstadt in den 1980er Jahren von Rudolf Wille und seinen Mitarbeitern realisierte Stim- mungsorgel MUTABOR (= MUTierende Automatisch Betriebene ORgel, Bild 1.15).

---

[1]*presto*®ist eine registrierte Warenmarke.

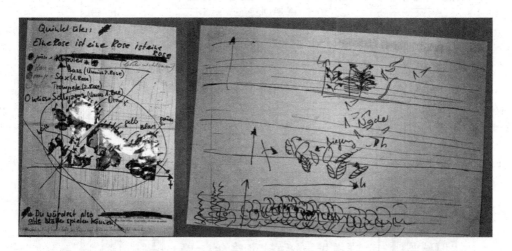

Abbildung 1.12: Erste Skizzen zu presto

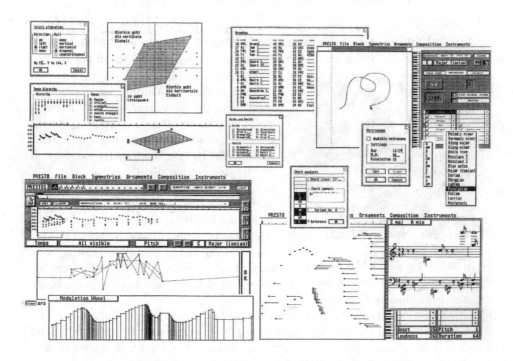

Abbildung 1.13: Auswahl von presto-Fenster

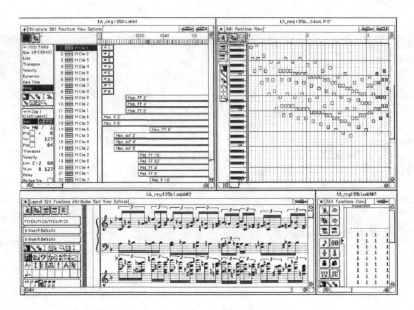

Abbildung 1.14: Standard-Sequenzer 1999 (Logic)

MUTABOR wurde weiterentwickelt und dient dem Zweck, musikalische Stimmungen während des Spiels zu ändern. Die Regeln gehen auf die Ideen zur reinen

Abbildung 1.15: MUTABOR 1 von Rudolf Wille (zweiter von rechts)

Stimmung von Martin Vogel zurück und ermöglichen es, bei Modulationen die reine Stimmung der jeweiligen Tonart in Echtzeit anzupassen. Damit wird ein Musikdenken, das am Paradigma der reinen Stimmung orientiert ist, auch instrumental und regelbasiert verwirklicht.

Die Instrumentaltechnologie hat aber auch in der Theorie Aufführungsinterpretation dahingehend ausgebaut werden können, dass man nun feinste Nuancen der Interpretation instrumentell gestalten, verändern und speichern kann. Wir werden diese Entwicklung, die in den Bereich der aktuellen Performance-Forschung gehört, noch eingehend diskutieren. Bild 1.16 zeigt ein Flussdiagramm der Software-Plattform RUBATO[2], welche am Multimedia-Lab der Universität Zürich 1992-1996 entwickelt wurde und welche nun dort und an der TU Berlin weiterentwickelt wird. Die Entwicklung all dieser Software-Typen ist nicht nur eine Anwendung

---

[2]RUBATO®ist eine registrierte Warenmarke.

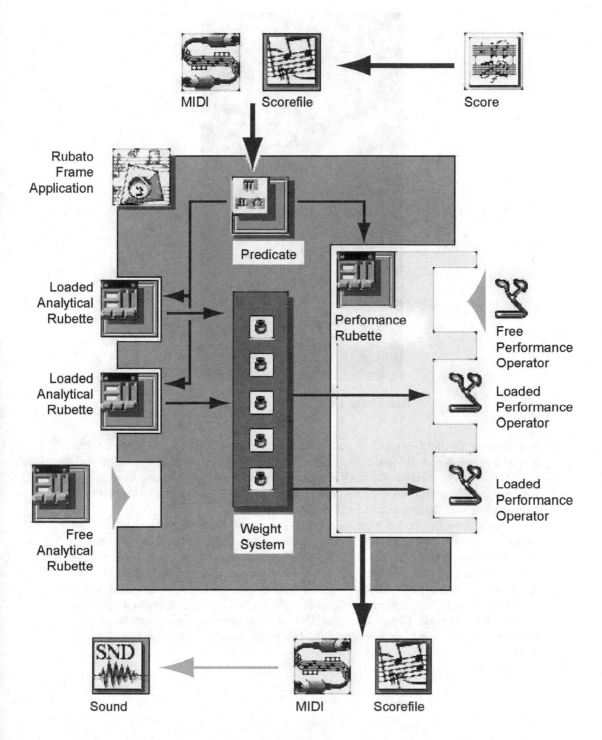

Abbildung 1.16: RUBATO-Plattform, Stand 1996

Abbildung 1.17: Der Künstler Stelarc

bestehender musiktheoretischer, kompositorischer oder ästhetischer Erkenntnisse, sondern erzeugt erst die Bedingungen für Forschungsfelder, welche bis dahin nicht oder nur metaphorisch zugänglich waren. Beispielsweise war vor der Realisierung von Agogik-Programmen auf Computern eine Agogik-Forschung (Tempo-Kurven, Hierarchien von Zeitebenen usf.) illusorisch.

Als letztes Beispiel der intimen Interaktion von Technologie und Komposition in der Musik wollen wir die Performances des australischen Künstlers Stelarc erwähnen (siehe Bild 1.17). Er arbeitet mit am eigenen Körper angebrachten Robot-Prothesen und elektrischen Kontakten auf der Haut, welche die Muskeln des Künstlers durch Stromstösse von 50 Volt in unwillkürliche Bewegungen und Zuckungen versetzen, interagierend mit entsprechenden musikalischen Klängen, die den Künstler als Tänzer anregen. Der Mensch wird so zum hybriden Wesen, teils Musikinstrument, teils Hörer, teils Interpret, teils Tänzer und teils Komponist.

Kapitel 2

Musiksemiotische Grundlagen

Übersicht. Semiotik ist die Lehre der Zeichensysteme. Da Musik und ihre Wissenschaft ganz massiv mit Ausdruck und Inhalt, mit Form und Bedeutung befasst sind, ist es unumgänglich, den semiotischen Rahmen hier als propädeutische Leistung für einen tauglichen Begriffsapparat aufzuspannen. Wir werden dies nur soweit tun, als es unentbehrlich ist für unsere Belange. Für weitergehende Reflexionen sei auf den Artikel Nr. 152 „Semiotische Aspekte der Musikwissenschaft: Musiksemiotik" von Guerino Mazzola im Handbuch der Semiotik, Bd. 3 verwiesen [26]. Es ist aber auch notwendig, die ontologische Topographie der Musik kurz zu skizzieren, was wir ebenfalls in diesem Kapitel tun werden, um gröbste Missverständnisse zu vermeiden.

$$- \Sigma -$$

2.1 Koordinatenräume des Musikwissens

Kant hat in der „Kritik der reinen Vernunft" einen Begriff als logischen Ort beschrieben. Wir wollen in diesem Sinne fragen: Wo ist der logische Ort von Musik? Das bedeutet insbesondere, dass wir Begriffe nicht nur als abstrakte Dinge beschreiben wollen, sondern als Orte des Denkens. Mit dieser Raum-Metapher soll von Anfang an die klassische Idee, dass Gedanken oder zumindest die Gegenstände des Denkens, die Begriffe, in einem wie auch immer gearteten „Raum des Wissens" stattfinden. Es ist hier eine interessante Bemerkung angebracht: Auch in der heute aktuellen objektorientierten Programmierung sind die Objekte grundsätzlich als Punkte in Räumen gedacht, nämlich als Instanzen von Klassen!

2.1.1 Realitätsebenen

Zunächst muss man die Realitätsebenen, an denen Musik teilhat, identifizieren. Hören wir etwa Schumanns dritte Kinderszene, den „Hasche-Mann" an:

> 🜂 Audio 1: Robert Schumanns „Hasche-Mann" (Martha Argerich, Ausschnitt)

Was wir hören, ist eine akustische Realität. Ist dieselbe bereits Musik? Sicher ist sie ein Teil von unserem Begriff der Musik. Aber wir haben auch die hinter der akustischen Wiedergabe verborgene Partitur zu beachten. Sie existiert auf ganz andere, nämlich symbolische oder mentale Weise, wie etwa eine mathematische Formel. Die Partitur ist von der akustischen Aufführung als symbolische Tatsache fundamental verschieden (vgl. Abbildung 2.1).

Aber es kommt noch eine dritte Seite zu dem hinzu, was wir mit dem Begriff der Musik assoziieren: Die Aufführung des Klavierstücks erzeugt Gefühle der gehetzten Seele, die wir als Hörerinnen und Hörer oder während der Komposition wohl auch Schumann respektive Argerich als Interpretin mit dem Stück verbunden haben. Auch diese dritte seelische oder psychische Realitätsebene ist Bestimmungsstück des Musikbegriffs:

> Musik nimmt also an den insgesamt drei fundamentalen Realitätsebenen der Physis, des Geistes und der Psyche teil.

Man beachte, dass wir in keiner Wiese eine dieser Ebenen als sekundär auffassen oder gar als verzichtbar. Ein Reduktionismus dieser Art ist weder realistisch noch ontologisch vertretbar. Wir bemerken ferner, dass alle sonstigen Realitätsebenen, an die man Musik knüpfen kann, etwa die soziale Ebene, sich ohne Mühe als von den fundamentalen Ebenen abgeleitete Ebenen verstehen lassen.

2.1.2 Kommunikation

Neben ihrer Verteilung auf mehrere Realitätsebenen besitzt Musik eine grundlegend kommunikative Dimension: Musik ist auch Mitteilung. In der Theorie der künstlerischen Kommunikation, wie sie von Jean Molino entworfen worden ist, wird Kommunikation in drei Bereiche unterteilt: Poiesis, neutrales Niveau und Aesthesis. Poiesis meint den Schaffensprozess: Kunst wird immer von jemandem gemacht, hervorgebracht. Das griechische Wort poiein = machen, welches hinter Poietik steht, verweist auf diesen Ursprung künstlerischer Kommunikation. Bild 2.2 zeigt zwei Arten der Poietik: Arnold Schönberg während seiner kompositorischen Arbeit im amerikanischen Exil und die beiden Jazz-Musiker Peter Brötzmann (sax) und Cecil Taylor (piano) bei einer Spontankomposition des Free Jazz in Berlin 1989.

Poiesis kann aber auch mit Synthesizern oder Computern (so bei Stockhausen, siehe Bild 1.7) oder Uhren (etwa bei Cage, siehe Bild 1.8) geschehen. Oft ist der Herstellungsprozess in der resultierenden Komposition weitgehend verborgen

Hasche-Mann

Abbildung 2.1: Partitur „Hasche-Mann". Copyright 1977. Abdruck mit freundlicher Genehmigung des G. Henle Verlags, München.

Abbildung 2.2: Poiesis: Musik machen, mit Bleistift (Schönberg) oder Musikinstrument (Cecil Taylor, piano, mit Peter Brötzmann, sax)

oder zumindest nur vieldeutig zu erahnen. So ist etwa die Fibonacci-Reihe oder die Zwölftonreihe Stockhausens in seinem Klavierstück IX nicht zu eruieren, wenn man es nicht schon weiss, und auch dann noch...

 Audio 2: Stockhausen Klavierstück IX (Herbert Henck 1985/86, Ausschnitt)

Das Werk ist also als Resultat der poietischen Arbeit ein selbständiges Objekt, das nicht verwechselt werden kann mit dem Herstellungsprozess und seinen Parametern. Dieses meint Molino mit dem Begriff des neutralen Niveaus.

Zu diesen beiden Ebenen der Kommunikation gesellt sich die Instanz des Empfängers. Eine Aufführung wird gehört, verstanden (oder auch nicht) und beurteilt. Das Klatschen! Es kommt vom Auditorium, siehe Bild 2.4 (zusammen mit dem Komponisten nimmt man in unserem Bild das Werk wahr) und von den Kritikern.... Selbstredend ist diese dritte Schicht der Aesthesis (Begriff von Paul Valéry, damit man ihn nicht mit dem Begriff der Aesthetik verwechselt), also dem Wahrnehmen, Verstehen und Beurteilen des Werkes, weitgehend verschieden sowohl von der Poiesis als auch vom neutralen Niveau. Wir haben also diese drei kommunikativen Koordinaten: Kommunikation geht aus von der Poiesis des Schöpfers, schlägt sich nieder im neutralen Niveau des Werkes und wird empfangen als Aesthesis im hörenden Verstehen.

2.1.3 Zeichensystem

Zu den Dimensionen der Realitätsebenen und der Kommunikation kommt noch die Dimension der Bedeutungsfähigkeit von Musik hinzu. Betrachten wir dazu

Abbildung 2.3: 12-Tonreihe von Stockhausens Klavierstück IX

Abbildung 2.4: Das Publikum und die Kritiker, zusammen mit dem Komponisten nehmen sie das Werk wahr.

das Lied „Candle in the Wind", das Elton John an Prinzessin Dianas Trauerfei-
erlichkeiten vom 6. September 1997 in der Westminster Abbey vor einer halben
Milliarde Zuschauer weltweit dargeboten hatte (siehe Bild 2.5).

Hier war das Liedlein als solches in seiner musikalischen Struktur durchaus
irrelevant, das heisst, es fungierte nur als Ausdrucksebene eines Zeichens allgemeiner und gemeinsamer Verbundenheit und Be-
troffenheit über das Schicksal einer geliebten
Person. Musik fungiert ganz allgemein als Zei-
chenträger für Sport, Staats-Zeremonien und
Gesellschaft. Musik ist allgegenwärtig gerade
in ihrer Funktion als Verweis auf Bedeutung.

Abbildung 2.5: Candle in the
Wind: Elton John an Dianas
Trauerfeier

Dieser Aspekt ist allerdings nicht nur auf
dieser globalen Ebene wichtig, wo Musik als
Ganzes Bedeutung hervorruft. Er ist auch ganz
wesentlich innerhalb der Musik als autonome
Struktur präsent. So ist denn das berühmte
Diktum von Eduard Hanslick in seinem Jahr-
hundertwerk „Vom Musikalisch Schönen" (1854) [12]:

> *„Der Inhalt der Musik sind tönend bewegte Formen."*

eine Bestimmung des Zeichencharakters von Musik. Sie hat eine Ausdrucksebene
und eine Inhaltsebene, ist also auch für sich genommen (bei Hanslick nicht als
Mittel für Staatszeremonien und dergleichen) bedeutungsfähig. Kurz: Musik hat
Zeichencharakter und damit Bedeutung.

Wir werden auf diese dritte Dimension in 2.1.5–2.2 näher eingehen.

2.1.4 Topographie der Musik

Zusammenfassend kann man also eine dreidimensionale ontologische Topographie
der Musik erkennen, siehe Bild 2.6. Wir haben die drei Achsen der Realitätsebenen,
der Kommunikation und des Zeichensystems. Dies ist nur eine erste Orientierung,
die Details werden wir im Verlauf dieses Buches entwickeln.

Man erkennt auf diesem Kubus 3 x 3 x 3 = 27 Koordinaten, je nachdem,
wo man sich in der Realitätsebene, in der Kommunikation und im Zeichensystem
befindet. Wir können und sollten damit immer arbeiten wie mit einem „topogra-
phischen" Raster, wenn wir Musikdiskussion führen, denn ohne topographische
Angaben ist keine differenzierte Diskussion über Musik möglich. Vor diesem Hin-
tergrund möchten wir eine entsprechende Charakterisierung von Musik präsentie-
ren:

> Musik ist Mitteilung, hat Bedeutung und vermittelt physisch zwi-
> schen ihren psychischen und geistigen Ebenen.

Wichtig daran ist, wir deuteten es schon an, der grundsätzliche Verzicht auf
Reduktionismus: Es geht zum Beispiel nicht darum, zu sagen „eigentlich ist das

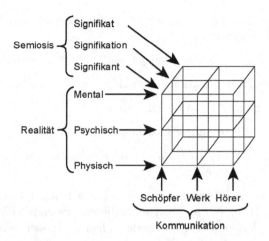

Abbildung 2.6: Kubus der Musiktopographie

Emotionale nur eine Umschreibung von neuronalen Prozessen" oder „die musikalische Notation in der Notenschrift ist nur eine unbeholfene Darstellung eigentlich physikalischer Ereignisse".

Für Reduktionismus gibt es weder ontologischen Bedarf, noch ist er das erste Ziel der Wissenschaft: Zuerst muss man die Entsprechungen herstellen, bevor man dann eine Ebene durch die andere ersetzen kann.

2.1.5 Strukturalistische Semiotik

Wir wollen nun die Achse der Semiotik, also der Zeichenhaftigkeit von Musik, genauer diskutieren. Wir halten uns dabei an die aus den Arbeiten des Schweizer Linguisten Ferdinand de Saussure in seinem berühmten „Cours de linguistique générale" [29] an der Universität Genf entwickelte sogenannte strukturalistische Semiotik oder Semiologie.

Für Einzelheiten verweise ich auf den erwähnten Artikel zur Semiotik der Musik in HdS. (Eine knappe, aber gute Einführung in die Semiologie gibt Roland Barthes in „Elemente der Semiologie" [3].

Saussure ist neben dem amerikanischen Philosophen Charles Sanders Peirce, dem es um eine universelle Art und Weise der Darstellung des Wissens (grammatica speculativa, um 1865) ging, der führende Schöpfer der modernen Semiotik. Beide haben gemeinsam, dass sie formale Darstellung von Wissen in seiner Entstehungsgeschichte und als System thematisieren.

Was also ist ein Zeichen?

> Ein Zeichen ist etwas, was auf bestimmte Weise für ein Anderes steht; „aliquid stat pro aliquo".

Verschiedene Autoren benennen diesen Sachverhalt unterschiedlich, aber es steckt immer dieselbe Idee dahinter.

- Saussure: Signifiant / Signification / Signifié

- Posner: Signifier / Signification / Signified

- Hjelmslev: Ausdruck / Relation / Inhalt

- Peirce: Mittel / Interpretant / Objekt

- *Volkstum: Zeichen / ... / Bedeutung (Diese volkstümliche Sprechweise wollen wir hier nicht übernehmen.)*

Ein Zeichen ist immer das Ganze, nicht nur der Ausdruck. Es besteht immer als Ganzheit seiner drei Teile. Wir symbolisieren diesen Zusammenhang (mit Hjelmslevs Terminologie) in den folgenden Beispielen folgendermassen, wobei die Relation durch einen Pfeil dargestellt wird.

Ausdruck → Inhalt

Beispiele:

1. Auto → „Auto-Vorstellung". Das Wort „Auto" ist der Ausdruck, welcher in uns eine Vorstellung eines bestimmten Gegenstandes hervorruft.

2. 3+5 → 8. Der mathematische Ausdruck 3+5 bedeutet den Inhalt 8.

3. Das Symbol x++ bedeutet in der Programmiersprache C die um eins vergrösserte Zahl, welche wir mit x ausgedrückt haben.

4. In der Programmierwelt ist C++ der Ausdruck für eine bestimmte objektorientierte Programmiersprache.

5. Ein Pictogramm, wie etwa dies hier ⊶, verweist im Strassenverkehr ohne Worte darauf, dass hier Fahrrad gefahren wird.

6. In der europäischen Musiknotation bedeutet diese graphische Notation der Fermate ⌢, dass man das Tempo kurzfristig reduzieren soll, um dann wieder auf den vorangehenden Wert zu erhöhen.

7. In der Logik bedeutet der Ausdruck $2+2 = 7$ den Wahrheitswert des „Falschen".

8. In der Sprache bedeuten die Ausdrücke „ich", „hier", „jetzt" je nach Benutzer ganz verschiedene Dinge. Man nennt diese Zeichen deiktische Morpheme oder Shifter. Die Musik ist voll davon!

Wesentlich in der Zeichentheorie ist, dass Zeichen nie allein vorkommen. Sie bilden ein Zeichensystem (synonym: eine Semiotik), also eine Ansammlung von Zeichen, die auf komplizierte Art miteinander verwoben sind. Klassische Zeichensysteme sind die einzelnen Sprachen, das System der Verkehrszeichen, das der Mode, das

der Gastronomie, etc. Wir wollen hier keine genauere Definition eines Zeichensystems geben, denn eine solche wäre schwierig. Es seien aber die drei charak-
teristischen Bereiche Syntaktik, Semantik und Pragmatik eines Zeichensystems
vorgestellt:

1. Offenbar kommt es darauf an, dass eine Semiotik es erlaubt, ihre Zeichen
   miteinander zu verknüpfen, um daraus neue Zeichen herzustellen. Diese Eigenschaft heisst Syntaktik. Das wirkliche Nebeneinander von Zeichen in Zeichenkomplexen heisst das Syntagma des Systems. In der Sprache sind etwa
   Sätze „Claudias Auto ist blau." typische Syntagmen. Die Syntaktik bestimmt
   also das Nebeneinander der Zeichen. Bedeutungtragende Einheiten eines
   Syntagmas heissen Morpheme. In unserem Beispiel aus der Sprache also die
   Wörter.

   Eine Grammatik wäre also ein Regelsystem, welches die Herstellung von
   Syntagmen anhand von Zeichenklassifikationen beschreibt.

2. Während die Syntaktik gewissermassen die horizontale Beziehung des Zeichensystems beschreibt, befasst sich die Semantik mit der vertikalen Ausdehnung, das heisst mit den Bedeutungen, welche den Zeichenkomplexen
   zugeordnet sind.

   Synonyme sind in diesem Sinne Zeichen, die dieselben Inhalte haben,
   aber verschiedene Ausdrücke. Beispiel: 2+3 und 7-2.

   Homonyme sind Zeichen mit gleichem Ausdruck, aber verschiedenem
   Inhalt. Beispiel: Zug → Eisenbahn, → Stadt, → Luftströmung.

3. Schliesslich gilt es auch, sich mit dem Gebrauch der Verweisprozesse von
   Zeichen zu befassen, der Pragmatik. Sie befasst sich auch mit der Verbin-
   dung zwischen Ausdruck und Inhalt, der Saussurschen „Signification" oder
   Hjelmslevschen „Relation".

Bemerkung: Beispiele von Zeichensystemen sind etwa auch Programmiersprachen,
in denen die Bedeutung des Codes durch die Compilierung hergestellt wird und
als ausführbarer Code (Programm) der Maschine während der Laufzeit eine Zu-
standskette verpassen kann.

In der sogenannten Computer-Semiotik werden diese Dinge ausführlich beschrieben und untersucht. Siehe etwa: Peter Bøgh Andersen: „A Theory of Computer Semiotics" [4].

2.1.6   Saussure-Dichotomien

Berühmt geworden sind in Saussures Theorie die Strukturbeschreibungen eines Zeichensystems, die sogenannten Saussure-Dichotomien. Sie heissen so, weil sie immer paarweise auftretende Eigenschaften beschreiben. Hier die Liste der Dichotomien:

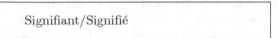

Signifiant/Signifié

die eigentlich eine Trichotomie ist, aber bei Saussure vor allem in der Zweiheit Ausdruck/Inhalt auftritt. (Das Mittelglied der Signification wird dabei unterschlagen.)

Arbitraire/Motivé

Sie beschreibt die Art und Weise, wie die Signification (in unserer Symbolik der Pfeil „→") zustandekommt. Beispiel: Onomatopoie („Kikeriki") erzeugt Bedeutung auf eine Art und Weise, bei der man einen Weg findet, die Bedeutung zu erraten. Sie ist motiviert und nicht beliebig. In der Sprache ist der Normalfall aber Beliebigkeit (arbitraire). Normale Wortdefinitionen kann man nicht auf ihre Bedeutung hin erkennen, man muss die willkürlichen Setzungen einfach wissen.

Beispiele:

- Mathematik: Man definiert zum Beispiel das Buchstabensymbol n als die Zahl 3, n:=3. In einem anderen Zusammenhang setzt man n := 5.241, usf.

- Sprachen: Italienisch: burro → Butter; spanisch: burro → Esel.

Diese Dichotomie ist sehr wichtig, weil sie thematisiert, wie der Zeichenausdruck in einem bestimmten Zeichensystem mit Zeichenbedeutung verbunden ist. Dies ist meist sehr kompliziert und hängt vom Systemkontext ab und auch von Systemfremden Kompetenzen.

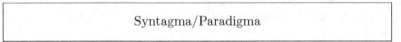

Syntagma/Paradigma

Ein Beispiel dazu finden wir in Bild 2.7. Während das Syntagma das konkrete Nebeneinander von Zeichen im System meint, also in einer Sprache etwa das Nebeneinander der Wörter in Sätzen, bezieht sich Paradigma auf das assoziative Feld, welches ein Zeichen um sich erzeugt. Dies meint den Bereich aller Zeichen, deren Zeichenbedeutungen zum gegebenen Zeichen verwandt sind.

Die syntagmatische Relation im System findet „in praesentia" statt, konkret im Ablauf des Systems. Demgegenüber ist die paradigmatische Beziehung von Zeichen eine abstrakte Tatsache, sie findet „in absentia" statt, denn die Assoziation mit ähnlichen Bedeutungen muss man quasi im Lexikon der Zeichen ermitteln, also nicht im konkreten Ablauf des Systems. Wir werden auf diesen Unterschied noch

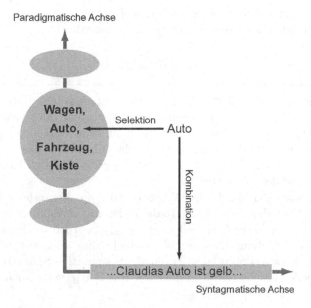

Abbildung 2.7: Syntagma und Paradigma

zu sprechen kommen, denn die paradigmatische Beziehung „in absentia" ist viel schwieriger zu verstehen als die syntagmatische Nachbarschaft „in präsentia", und das hat bedeutende Konsequenzen etwa für paradigmatische Kompositions- oder Analyseverfahren.

> Langue/Parole

Langue meint die soziale und vom Individuum unabhängige Struktur des Zeichensystems. Im Gegensatz dazu meint Parole das Sprechen, individuelle Akte, mit denen die sprechende Person das System verwendet.

Beispiele:

- System der kulinarischen Zeichen (Nahrung). Dieses System kennt zum Beispiel Ausschlussregeln (was ist tabu), signifikante Einheiten (sauer/süss), Zusammenstellungsregeln: simultan = Gericht; sukzessiv = Menu. Darin entspricht der Langue die Reihenfolge des Menus „Vorspeise, Hauptspeise, Nachspeise", während persönliche Variationen des Menu-Schemas nach dem Tages-Angebot zum Bereich der Parole gehören.

- Beim Programmieren hat man die „Grammatik" der Sprache, aber man kann die Syntagmen der eigenen Texte ganz individuell gestalten und ausfüllen. Normen und Standards sind typische Strukturen der Langue.

Diese Dichotomie hat natürlich auch politische Dimensionen im Sinn von verordneten Regeln, die manchmal stören und gebrochen werden.

Synchronie/Diachronie

Jedes System entwickelt sich in der Zeit. Die Momentanaufnahme eines Zeichensystems zu einem gewissen Zeitpunkt nennt man Synchronie oder synchrone Achse des Systems. Typisch für synchrone Strukturen sind die herrschenden Kommaregeln oder etwa der momentane Slang „cool"; in der Informatik: das gerade geltende Operating System; in der Musik: der gegenwärtig geltende Begriff von Klang, die dominierende Schule der Musiktheorie.

Die Diachronie oder diachrone Achse betrifft die Veränderungen des Zeichensystems im Lauf der Zeit. Typisch dafür ist die etymologische Spur eines Ausdrucks: Disziplin ~ disciplina ~ dis-capere; (D) virtuell ~ (E) virtual inklusive Bedeutungsverschiebung. Manchmal geschieht dies auch abrupt, so etwa in der Rechtschreibereform: Potential ~ Potenzial; Spaghetti ~ Spagetti. Oder in der dramatisch schnellen diachronen Veränderung von Betriebssystemen:

Beispiele:

- NeXTStep ~ OpenStep ~ MacOs X Server...

- Versionen von Windows 95, 98,...

- HTML, XML, Java, Java 3D,...

- MIDI, GeneralMIDI,...

Je schneller ein System sich verändert, desto mehr wird die Synchronie gegenüber der Diachronie sekundär in der Raumzeit des Systems.

Bemerkung: Die Musikwissenschaft hat gerade in der Beziehung zwischen Synchronie und Diachronie eine hochsensible und problematische Problemstellung, da die Invarianten oder das Transformationsverhalten in der Zeit oder im kulturellen Raum schwer zu beschreiben sind. Was allerdings nicht heisst, dass ein globaler, über Raum und Zeit ausgelegter Begriffsraum nicht möglich wäre. Die historische und kulturelle Variabilität von Musiken und Musiktheorien ist kein Grund, die Existenz von übergreifenden Theorien zu verneinen. Geschichte ist immer auch Geschichte von etwas, darauf hat auch Carl Dahlhaus im „Neuen Handbuch der Musikwissenschaft", Bd. X [9] nachdrücklich und zu recht hingewiesen.

Lexem/Shifter

Nicht alle Zeichen haben eine stabile Bedeutung in einem Zeichensystem. Stabile Bedeutung kann in einem Lexikon festgehalten werden, zum Beispiel: Katze = vierbeiniges Säugetier etc.... Aber es gibt Zeichen, die man zwar in Lexika findet, deren Bedeutung aber damit bei weitem nicht vollständig instanziert wird: Pronomina wie „Ich", „Du",... oder Ortsbezeichnungen „hier", „dort",..., oder Zeitwörter „jetzt", „gestern".

Im Lexikon findet man in der Tat unter „Ich, das": Pronomen der ersten Person Singular. Aber der Gebrauch, den ich davon mache, addiert eine ganz wesentliche Bedeutung zur lexikalischen Komponente. Shifters sind die komplexesten Zeichen der Sprache: Sie werden denn auch von Kindern zuletzt erworben und gehen bei Aphasie zuerst verloren!

2.1.7 Das Hjelmslev-Schema

Der belgische strukturalistische Linguist Louis Hjelmslev hat die axiomatische Semiotik um ein sehr starkes Konstruktionsprinzip bereichert: Das rekursive Hjelmslev-Schema. Es besagt, dass in einem Zeichensystem, das wir so formal darstellen

$$\text{(Expression | Relation | Content)} \sim \text{(Ex | Re | Ct)}$$

jede Schicht für sich wieder ein Zeichensystem bilden kann. Damit wird die generische Struktur eines Zeichensystems beliebig verschachtelbar und so auch offen für realistische Konstruktionen komplexer Zeichensysteme. Denn in Wirklichkeit findet man kaum Zeichensysteme, die quasi atomar aus den drei Schichten Ausdruck (Expression), Relation, Inhalt (Content) bestehen. Es treten die folgenden drei Fälle auf:

1. **Metasemiotik**: Der Ct-Bereich ist ein Zeichensystem:

$$\text{(Ex | Re | Ct)} = \text{(Ex | Re | (Ex1 | Re1 | Ct1))}$$

Beispiele:

- Sprachbeschreibung einer Programmiersprache (zum Beispiel ANSI-C X3.159-1989)

- Linguistik-Theoriesprache über eine bestimmte Sprache oder sprachübergreifend (Generative Theory)

- Harmonielehre als Regelsystem der Syntagmatik von Akkorden und ihren Bedeutungen

2. **Konnotationssemiotik**: Der Ex-Bereich ist ein Zeichensystem:

$$(Ex \mid Re \mid Ct) = ((Ex1 \mid Re1 \mid Ct1) \mid Re \mid Ct)$$

Beispiele:

- Poetische Sprache, so etwa „Albatros" bei Baudelaire: Die wörtliche Bedeutung „Vogel" wird zum Ausdruck einer konnotierten Bedeutung, das heisst (Vogel → das Tier)→ Freiheit

- Doppelte Artikulation der geschriebenen Sprache: Das geschriebene Zeichen bedeutet zunächst ein akustisches Gebilde, und dann erst stellt sich das gemeinte Ding ein: (cool → 'kuul')→ von niedriger Temperatur nach diesem Schema: (Schriftbild → akustischer Inhalt) → Objektinhalt.

3. **Motivationssemiotik**: Der Re-Bereich ist ein Zeichensystem:

$$(Ex \mid Re \mid Ct) = (Ex \mid (Ex1 \mid Re1 \mid Ct1) \mid Ct)$$

Beispiele:

- Benutzeroberfläche eines Computers und interner ausführbarer Code. Zum Beispiel die Addition der zwei Zahlen 3 und 4. Das Resultat ist die Bedeutung 7 des Ausdruckes 3+4, den der Benutzer auf die Oberfläche tippt. Dann geht es erst mal rein in den Code und die Bedeutung kommt nach langen Zwischenprozessen im Maschinencode auf dem Bildschirm zum Vorschein.

- Die Mathematik ist typisch dafür: Oft müssen ganze Sprachen und Theorien entwickelt werden, um die Bedeutungen von Zeichen zu erfassen. Zum Beispiel: Ist e^e eine rationale Zahl?

- Die Musik kennt die Motivationssemiotik beispielsweise in der Herstellung der Bedeutung eines Trillerzeichens. Hier sind die Referenz auf eine historische Kompetenz und die Spieltechnik komplexe Motivationsmechanismen, um aus dem Ausdruck auf der Partitur ein akzeptabel gespieltes akustisches Ereignis herzustellen.

Man sieht dabei, dass die Semiotik hier ein sehr flexibles Strukturschema von Systemen anbietet, welches voller verschachtelter Verweise ist.

2.2 Übungen zu Dichotomien und Hjelmslev-Stratifikation in der Musik

Man denke nach über die folgenden Beispiele:

- Signifiant/Signifié: Note → Klang

- Arbitraire/Motivé: Dauer-Verlängerungspunkte → multiple Punkte für wiederholte Dauerverlängerung

- Syntagma/Paradigma: Sukzession von Akkorden → Akkordtypen

- Langue/Parole: Kontrapunktregeln/individuelle Komposition im Kontrapunkt

- Synchronie/Diachronie: Agogische Anweisung ritardando früher und heute

- Lexem/Shifter: Die Partitur als Konstante → Die Aufführung als Shifter

Wir werden uns nun nur mit der „autonomen" Musik befassen, also nicht mit gesellschaftlichen (religiösen, politischen) Konnotationen.

Diese Hjelmslev-Gliederung beinhaltet insbesondere auf der neutralen Ebene diese Gestalt, welche zugleich meta- und konnotationssemiotisch ist:

((Partitur | lesen | Spielanweisungen)
| aufführen |
(Instrument spielen | erzeugen | Gesamt-Sound))

Und dasselbe in Computer-orientierter Perspektive:

((Theorie | implementieren | Software)
| ausführen (run-time) |
(Objektcode | erzeugen | Sound-Events))

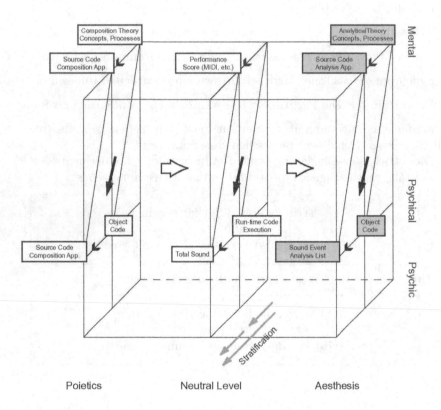

Abbildung 2.8: Artikulationsschema in Komposition, Werk und Analyse für autonome Musik

Kapitel 3

Kodierung musikalischer Objekte und Prozesse für Komposition, Analyse und Interpretation

Übersicht. Die Problematik der Umsetzung und Kodierung musikalischer Objekte ist Thema dieses Kapitels. Dafür sehen wir uns einerseits die Digitalisierung von Sound-Events, andererseits aber auch die Kodierung der Note-Events (in ihren unterschiedlichsten Formen und Konstrukten) an. Dabei ist eine Diskussion über die Tonhöhen beziehungsweise die Unterteilung der klassischen Tonskala unabdingbar. Ebenfalls werden syntagmatische und paradigmatische Prozesse thematisiert und unterschieden.

$$- \Sigma -$$

Auf der neutralen Ebene ist das musikalische Werk akustisch eine einzige Luftschwingung. Eine CD oder LP etc. ist lediglich eine digitale oder analoge Spur dieser einen Schwingung. Bild 3.1 zeigt das Prinzip der Digitalisierung. Wir gehen aus von einer Originalschwingung links oben. Diese Schwingung wird in kurzen Zeitabständen abgetastet, die Zeit wird damit quantisiert. Bei CDs wird das aus Gründen, die wir noch im Kapitel 6 über Fourier-Zerlegung diskutieren werden, 44'100 mal pro Sekunde abgetastet.

Zugleich wird auch der Wertebereich der Schwingungsauslenkungen quantisiert. In Bild 3.1 sehen wir zwei solche Quantisierungen. Die 1-Bit-Quantisierung (Mitte) gibt uns lediglich zwei approximierte Werte (0 oder 1) je nachdem, ob der Schwingungswert Null oder nicht Null ist. Die 4-Bit-Quantisierung (rechts) hat $2^4 = 16$ Werte zwischen 0 und 15, wobei die Bezeichnung mit den Bits daher

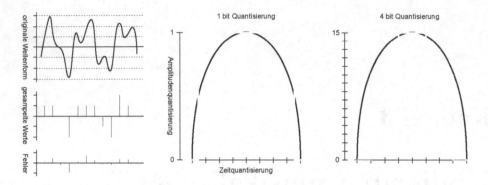

Abbildung 3.1: Sound-Digitalisierung

kommt, dass man hier mit vier Angaben von Null oder Eins 16 Möglichkeiten hat zu wählen: (0,0,0,0), (0,0,0,1), ..., (1,1,1,1).

Für die Audio-CD benutzt man 16-Bit Quantisierung, was eine Feinheit von $2^{16} = 65'536$ Werten ergibt.

Achtung! Diese Digitalisierung hat gar nichts mit der digitalen Datenübertragung etwa von MIDI zu tun! Nicht alle Digitalisierungen sind verträglich, Digitalisierung ist semiotisch gesehen nur eine mathematische Ausdrucksweise. Der Inhalt ist dabei vollkommen unbestimmt.

3.1 Kodierung von Sound-Events

Poietisch/aesthesisch wird das akustische Werk, das ja als Ganzes auf der neutralen Ebene eine einzige Luftschwingung ist, als Liste von Sound-Events aufgebaut/zerlegt. Dabei ist das Zerlegen alles andere als klar oder eindeutig, sowohl hörphysiologisch, als auch technologisch!

Wir nehmen der Einfachheit halber an, es sei uns gelungen, ein einziges Sound-Event zu isolieren, zum Beispiel ein gewohntes Sound-Event etwa vom Klavier. Wir haben also eine kurzfristige Auslenkung $x(t)$ des Luftdrucks vor uns, die von der Zeit t abhängt. Auch hier ist eine neutrale Beschreibung, das heisst eine Beschreibung, die nicht auf einer Konstruktionsvorschrift beruht, nicht eindeutig.

Das Sound-Event $x(t)$, welches unten links im Bild 3.2 zu sehen ist, ist ein kurzlebiges Wellenpaket, welches wir folgendermassen konstruieren: Zunächst gibt man eine Wave $W_f(t)$, welche eine periodische Funktion der Zeit ist. Das heisst, es gibt eine Zeit-Periode P so, dass immer $W_f(t + P) = W_f(t)$. Die Wiederholungsrate $f = \frac{1}{P}$ heisst die Frequenz der Wave. Eine Standarddarstellung der Wave benützt die sogenannte Fourier-Zerlegung in Sinus-Funktionen. Wir haben diese oben rechts in Bild 3.2 angedeutet:

$$W_f(t) = \sin(2\pi \cdot ft) + ...$$

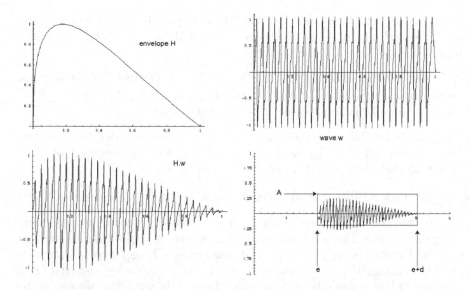

Abbildung 3.2: Bild von einem Sound-Event und dessen Kodierung (Darstellungen als Mathematica®-Grafik): Envelope $H(t)$ (oben links), Wave $W_f(t)$ (oben rechts), Sound Event $x(t)$ (unten links) und Support S (unten rechts)

Später kommen wir auf diese Darstellung periodischer Waves genauer zu sprechen.

Als Zweites geben wir eine Hüllfunktion oder Envelope $H(t)$ an. Sie wird bestimmen, in welchem Mass das Sound-Event im Rahmen der zugelassenen Höchstwerte an- und abschwillt. Die Envelope H ist eine normierte Funktion, welche zwischen $t = 0$ und $t = 1$ positive Werte hat, auf einen Maximalwert $= 1$ anschwillt und vorher und nachher $= 0$ ist (siehe Bild 3.2, oben links).

Aus H bilden wir sodann die wirkliche Hüllkurve, welche die Grenzen des Sound-Events bestimmt. Das Sound-Event soll zur Einsatzzeit e (Sekunden) beginnen und eine Dauer von d (Sekunden) haben, also nach $e + d$ (Sekunden) beendet sein. Wir wollen, dass die Schallschwingung eine maximale Amplitude A (Auslenkung vom Normalluftdruck) habe. Das Tripel $S = (e, d, A)$ heisst Support (Träger) des Sound-Events und die durch S definierte wirkliche Hüllkurve ist

$$H_S(t) = A \cdot H(\tfrac{t-e}{d})$$

(siehe Bild 3.2, unten rechts). Mit diesen Vorgaben erhalten wir das Wellenpaket

$$x(t) = H_S(t) \cdot W_f(t).$$

Die Zeitfunktion x hängt also von den Parametern $(e, f, A, d; H, W)$ ab. Dabei heissen e, f, A, d die *geometrischen Parameter*, weil sie das Sound-Event in einem geometrischen Raum darzustellen erlauben, währenddessen der Parametersatz $F = (H, W)$ *Farbparameter* heisst, da er die Klangfarbe des Events beschreibt.

Um der Art und Weise, wie der Mensch diese Gegebenheiten hört, gerecht zu werden, ersetzt man in der musikalischen Akustik die geometrischen Parameter durch gleichwertige Grössen wie folgt:

- (physikalische) Lautstärke $l = 20 \cdot \log_{10}(\frac{A}{A_0}) + b$ Dezibel (dB); manchmal auch durchgeeignetes b auf Null als Maximum normiert, $A_0 = 2 \cdot 10^{-5} Nm^2$, die Hörschwelle. Bild 3.3 zeigt einige Umwelt-Lautstärken.

- (physikalische) Tonhöhe $h = u \cdot \log_{10}(f) + v$, $f =$ Frequenz der Wave. Einheit ist das Cent $(Ct) = \frac{1}{1200}$ der Oktav, das heisst der Frequenzverdoppelung, was bedeutet, dass man den Faktor $u = \frac{1200}{\log_{10}(2)}$ setzt.

- (physikalische) Einsatzzeit und Dauer e, d in Sekunden belässt man.

Wir haben also das Sound-Event $x(e, h, l, d; F)(t)$ (wobei e, h, l, d wieder geometrische Parameter heissen). Es soll nochmals betont werden, dass diese Darstellung eines Sound-Events massiv poietisch ist, da ausser dem Träger $S = (e, d, l)$ praktisch nichts neutral ist! Dies ist also nicht das Event x, sondern es ist eine (zwar konventionelle) Darstellung der Art, wie das x hergestellt wird. Wir werden später noch ganz andere Herstellungsarten kennenlernen. Damit man sagen könnte, diese Herstellungsparameter seien erkennbar, müsste man ein physikalisches Detektorsystem zur Verfügung haben, welches die Parameter aus x „extrahieren" kann. Ohne hier auf die Hörphysiologie einzugehen möchten wir aber festhalten, dass dies im Falle des menschlichen Gehörs durchaus ein ungelöstes Problem ist.

3.2   Kodierung von Note-Events

Wenn wir die physikalische Herstellungsweise eines Sound-Events wie oben voraussetzen, kann man verstehen, wie ein Objekt auf der mentalen Realitätsebene der Partitur als Note beschrieben wird. Wir möchten hier aber vorwegnehmen, dass damit auch das geistige Verständnis der musikalischen Objekte in Komposition und Theorie mitbestimmt wird, dass also eine andere Darstellung auch den kompositorischen und theoretischen Zugang modifizieren könnte.

Eine in der Partitur gesetzte Note X wird beim Performen, also der Aufführungsinterpretation, auf ein Sound-Event abgebildet $P(X) = x$ (P = Performance-Transformation, siehe Bild 3.5). Man muss also die Parameter von x auf der mentalen Ebene kodieren. Wir können das so schreiben:

$$\boxed{X = PianoNote(E, H, L, D)}$$

Für die Darstellung von X als Pianola-Balken siehe Bild 3.4. Die geometrischen Parameter erkennt man als geometrische Ausdehnungen des Balkens, die Dauer ist die Länge des Balkens. Die Klangfarbe zum Namen „PianoNote" haben wir als Textur des Pianola-Balkens dargestellt.

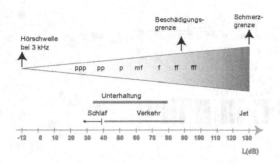

Abbildung 3.3: Umwelt-Lautstärken

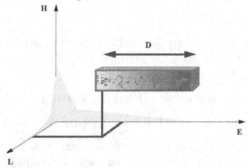

Abbildung 3.4: EHLD & Instrument-
Darstellung als Pianola-Balken

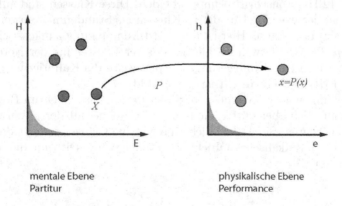

Abbildung 3.5: Die Performance-Transformation P

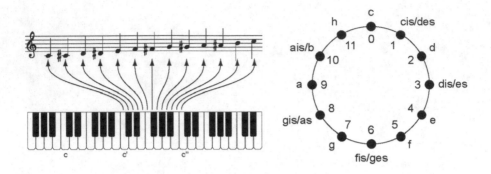

Abbildung 3.6: Tonhöhen in Halbtonschritten (l) und die Tonhöhen-Oktavklassen (r)

Dabei sind E, H, L, D reelle Zahlen (= Dezimalbrüche) und der Name „PianoNote" ist ein Wort (für Informatiker: Character String), der auf das Instrument verweist. Wir haben auf der mentalen (= geistigen) Ebene

- E = (mentale) Einsatzzeit; $1.0 \sim 1/1$ auf der Partitur

- D = (mentale) Dauer; $0.25 \sim 1/4$ auf der Partitur

- H – (mentale) Tonhöhe; Einheit $\sim$ Halbtonschritt, also wie bei Tastennummern. Wenn man c' ~ 60 setzt (das ist seit der Einführung des MIDI-Standards für Synthesizer üblich), erscheinen die ganzen Zahlen $\mathbb{Z}$ als die üblichen Tonstufen der 12-Chromatik, siehe Bild 3.6.

Bild 3.6 zeigt auch die Tonhöhen-Oktavklassen (Englisch: pitch classes) oder Tonigkeiten, welche sich durch Identifikation von Tonhöhen, die sich um Vielfache der Oktave (= 12 Halbtonschritte) unterscheiden. Diese Klassen sind auf einem Kreis aufgetragen, der wie eine Uhr die 12 Klassen als Stundenmarken zeigt.

L = (mentale) Lautstärke. Hier ist die Partiturdarstellung zunächst eine rein textuelle: *mf, pp, fff.* Wir verwenden hier zu unserer Darstellung der Notenparameter in Zahlenwerten eine Kalibrierung, beispielsweise die Kalibrierung, wie sie in der Software RUBATO eingestellt ist (siehe Bild 3.7).

Die Darstellung einer Klaviernote in diesen Parametern zeigt am Beispiel in Bild 3.8. Man sollte sich aber hüten, die mentale Tonhöhe mit der physikalischen Tonhöhe zu identifizieren. Sie ist lediglich eine geistige Grösse, die erst durch die Performance in ein physikalisches Objekt verwandelt wird. Dito für die anderen mentalen Parameter.

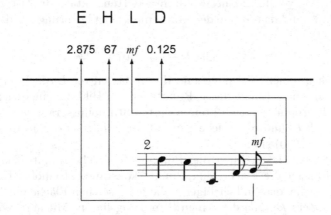

Abbildung 3.7: RUBATO-Dynamik (ganzzahlig mit 8er-Schritten)

Abbildung 3.8: Eine Note in dieser Darstellung = PianoNote(2.875, 67, mf~56, 0.125)

3.2.1   Exkurs: Der Eulerraum der Tonhöhen

Ein interessantes und schwieriges Beispiel der Performance-Transformation ist die Tonhöhe. Wohin wird die mentale Tonhöhe abgebildet?

Dies ist alles andere als trivial, hier erfordert das Musikdenken eine durchaus entwickelte Mathematik zur Beschreibung seiner Objekte. Der Raum der physikalischen Höhen, also h, ist in der Musik streng besetzt. Man betrachtet hier den Eulerraum Eu aller rationalen Kombinationen

$$h = h(o, q, t) = o \cdot \log(2) + q \cdot \log(3) + t \cdot \log(5) + b = \log(f),$$

im Tonhöhenraum h(R), das bedeutet o, q und t sind rationale Zahlen (= Quotienten zweier ganzen Zahlen) wie etwa $-\frac{34}{13}$. Die irrationale Zahl $\sqrt{2}$ wäre also verboten. Dies entspricht den Frequenzen

$$f(h) = B \cdot 2^o \cdot 3^q \cdot 5^t, \text{ mit der Bezugsfrequenz } B = 10^b.$$

Damit kann man also alle Frequenzen der klassischen Stimmungen darstellen, wobei 2 → Oktav, 3 → Quint, 5 → Terz erzeugen. Man kann zeigen (durch Benutzung der eindeutigen Primzerlegung für natürliche Zahlen), dass jede solche Tonhöhe durch genau ein solches rationales Tripel (o, q, t) geschrieben werden kann. Wenn wir also mit $Eu(\mathbb{Q}^3)$ den Raum aller rationalen Tripel (o, q, t) bezeichnen (dies ist ein dreidimensionaler Vektorraum über den rationalen Zahlen $\mathbb{Q}$), dann haben wir mit der obigen Notation eine (affine) Abbildung

$$Eu(\mathbb{Q}^3) \to h(R) : (o, q, t) \sim > h(o, q, t),$$

die es ermöglicht, die interessierenden Tonhöhen mit den Punkten von $Eu(\mathbb{Q}^3)$ zu identifizieren: Jede erlaubte Tonhöhe entspricht genau einem Punkt (o,q,t). Der Raum $Eu(\mathbb{Q}^3)$ heisst der Eulerraum (zur Oktav, Quint und Terz), siehe Bild 3.9.

Bemerkung zur Normierung: Wenn man ferner fordert, dass der Kammerton a' $\sim \log(440)$ als log von 9/12 einer wohltemperierten Oktave drin ist, das heisst $440 = B \cdot 2^o \cdot 3^q \cdot 5^t$, und dass das c' der wohltemperierte Ursprung ist, dann erhält man

$$B = 440 \cdot 2^{-\frac{3}{4}} \text{ oder } b = \log(440) - \frac{3 \cdot \log(2)}{4}.$$

Die Tonhöhen reiner Stimmung sind durch das Gitter $Eu(\mathbb{Z}^3)$ der ganzzahligen Tripel beschrieben. Einige dieser Punkte sind in Bild 3.9 eingezeichnet. Andererseits sind die Tonhöhen der 12-temperierten Stimmung grade die Punkte auf der Geraden durch c' und c'', welche ganzzahlige Vielfache des 12-temperierten Halbtonschritts $(\frac{1}{12}, 0, 0)$ sind.

Interessant ist die Darstellung aller Punkte, die eine bestimmte Tonhöhe darstellen: Bild 3.10 zeigt die Fläche aller Punkte konstanter Tonhöhe. Dramatisch daran ist die Tatsache, dass in beliebiger Nähe jeder solchen Fläche unendlich viele Punkte des Gitters $Eu(\mathbb{Z}^3)$ der reinen Stimmung liegen. Mit anderen Worten: Reine Stimmung ist beliebig vieldeutig, auch wenn man beliebig genaue Hörfähigkeit voraussetzt. Die Eulersche Theorie des Zurechthörens ist also gelinde gesagt fragwürdig.

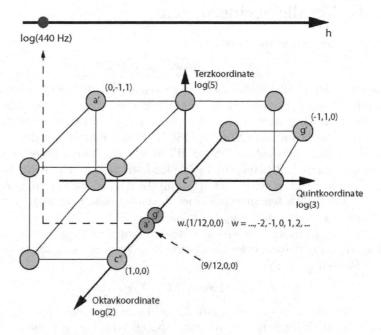

Abbildung 3.9: Eulerraum

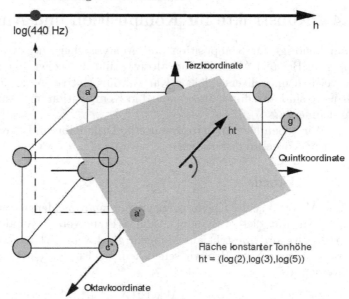

Abbildung 3.10: Fläche konstanter
Tonhöhe liegt total schief im Eulerraum

3.3   Verallgemeinerungen

Wir hatten bisher die Darstellung

$$\text{PianoNote(E,H,L,D)}$$

kennengelernt. Hier waren die Wertebereiche für alle Koordinaten die Menge $\mathbb{R}$ der reellen Zahlen (Dezimalbrüche) und wir können diese Struktur als $E(\mathbb{R})$ schreiben. Man kann aber auch andere als reelle Werte zulassen, etwa die Menge ASCII der Wörter (Character Strings, ASCII ist das Kürzel des Buchstaben-Codes der amerikanischen Standard-Organisation) oder die Menge $\mathbb{Z}$ der ganzen Zahlen. Man würde dann beispielsweise L(ASCII) für Lautstärken schreiben, die als Wörter (wie *mf, pp*) angegeben sind, oder $H(\mathbb{Z})$ für Tonhöhen, die als ganze Zahlen angegeben sind (wie für Tastennummern eines Klaviers, siehe Bild 3.6). Wir sprechen später über die grundsätzlich möglichen Bereiche.

Man kann andererseits zur Beschreibung musikalischer Objekte auch mehr Parameter einbauen, etwa für Crescendo oder Glissando. Oder weniger Parameter für Pausen oder Taktstriche:

$$\text{Pause(E,D), Taktstrich(E)}.$$

Für den Moment sind die systematischen Fragen nicht wichtig, sondern nur das prinzipielle Vorgehen. Wir kommen später darauf zu sprechen.

3.4   Konstrukte für Komposition und Analyse

Man benötigt für Komposition und Analyse aber auch Mengen von Objekten, wie zum Beispiel Akkorde oder Motive. Bild 3.11 zeigt einen Partiturausschnitt, in welchen man diverse „lokale Karten" für Motive, Akkorde etc. erkennt. Diese Objekte sind also durchaus Standard in Komposition und Analyse. Wie sollen wir sie definieren?

Wir geben hier eine propädeutische Diskussion und werden später das systematische Vorgehen diskutieren.

3.4.1   Akkorde

Einen Akkord in einer Klavierpartitur kann man als Menge von PianoNote-Objekten darstellen, mit diesem Symbol: Akkord{PianoNote}, womit wir sagen: Der Objekttyp „Akkord" besteht aus Mengen (geschweifte Klammer {...}) von Objekten des Typs PianoNote, den wir schon kennen. Ein einzelner Akkord wäre dann zu schreiben als

$$A{=}\text{Akkord}\{X_1, X_2, ..., X_n\},$$

wobei $X_1, X_2, ...X_n$ die Noten des Akkordes A sind. Wir müssen dazu allerdings die Nebenbedingung erfüllen, dass alle Einsatzzeiten dieser Noten gleich sind, sprich $E(X_i) = E = const.$ für alle $i = 1, 2, ...n$.

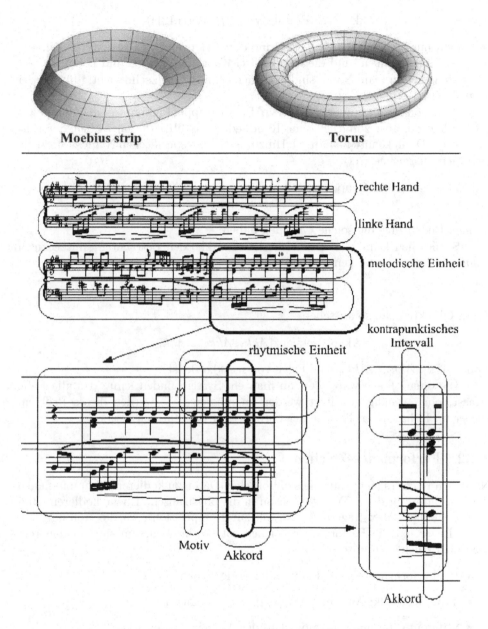

Abbildung 3.11: Globale Strukturen

Eine alternative Definition wäre

$$\text{Akkord}(E, \text{Einsatzgruppe}\{\text{Note}(H,L,D)\})$$

wobei wir nur eine Einsatzzeit hätten und dafür Mengen von abstrakteren Dingen, die wir „Note" nennen, und die nur die drei Koordinaten H, L und D hätten.

Mengen von PianoNoten sind natürlich grundsätzlich sehr wichtig für allerlei Begriffsbildungen:

Also könnte man zuerst den Typ PianoGruppe{Pianonote} definieren wie oben Akkorde, aber zunächst ohne Randbedingung über die Gleichheit der Einsatzzeiten. Dann könnte man durch Hinzufügen eines spezifischen Namens spezielle Gruppen auszeichnen, etwa:

Legatobogen(PianoGruppe), Staccato(PianoGruppe), Stimme(PianoGruppe),
Part(PianoGruppe),...

je nach Bedeutung, die solche Gruppen haben.

Schliesslich kann man auch Listen von Akkorden betrachten (mit eckigen Klammern, um dies zu kennzeichnen),

$$\text{Akkordsequenz}[\text{Akkord}],$$

deren Objekte dann so aussehen:

$$\text{Akkordsequenz}[Akk_1, Akk_2, ...Akk_n],$$

wobei $Akk_1, Akk_2, ...Akk_n$ eine Folge von n Akkorde ist.

Die offene Frage wäre hier, ob man ein System finden kann, das alle Fälle erfasst, ohne ständig erweitert werden zu müssen. Wir werden dieses Problem später im Rahmen der Theorie der Formen und Denotatoren lösen.

3.4.2   Performance-Zeichen

Natürlich reicht es nicht, nur die symbolischen Daten zu kodieren. Man muss auch die Hilfsdaten für die P-Transformation in die physikalische Ebene kodieren. Bild 3.12 zeigt dazu Max Regers Autograph zur Komposition „An die Hoffnung op. 124". Reger hat die Performance-Zeichen rot geschrieben, um sie von den rein mentalen Zeichen zu unterscheiden.

Von den Performance-Zeichen gibt es folgende Typen:

- Tempo/Agogik: Andante, MM=120, rall., Fermata ⌒, etc.

- Stimmung/Intonation: Implizit in den Vorzeichen der Tonart

- Artikulation: Legato, staccato, martellato, etc.

- Dynamik: crescendo, diminuendo, etc.

Abbildung 3.12: Max Reger, An die Hoffnung op. 124, Manuskript, Partitur, S.
10. ©Max-Reger-Institut Karlsruhe. Abdruck mit freundlicher Genehmigung.

Die Bedeutung dieser Zeichen ist im Text nicht eindeutig gegeben und muss durch zusätzliche Kompetenz „paratextuell" erfüllt werden. Wo ist man beispielsweise in der Lautstärke, wenn ausgehend vom *mf*-Bereich drei crescendi hintereinander stehen?

Die Performance-Abbildung zu bestimmen ist ein aktueller und schwieriger Forschungsgegenstand der Performance-Forschung, wir werden darüber noch kurz sprechen im Rahmen der Diskussion der RUBATO-Software-Plattform in Kapitel 10.

3.5   Syntagmatische und paradigmatische Prozesse

Sowohl bei der Komposition, als auch bei der Analyse werden Prozesse im musikalischen Zeichensystem benutzt, die man als syntagmatisch oder paradigmatisch charakterisieren kann.

Beispiele syntagmatischer Prozesse:

- **Kontrapunktkonstruktion**: Hier wird das Syntagma der kontrapunktischen Intervalle durch die klassischen Regeln (etwa nach Fux) sukzessive aufgebaut. Man kennt die Intervalle bis zum aktuellen Zeitpunkt und will nun ein anschliessendes Intervall aussetzen, welches als Funktion des vorangehenden Syntagmas erscheint.

- **Algorithmen** bei Realtime-Komposition: Computermusik-Kompositionen werden oft als Echtzeit-Prozesse implementiert (etwa bei Karlheinz Essl), die das Syntagma der Komposition sukzessive aus dem bis zum aktuellen Zeitpunkt gebauten Syntagma und entsprechenden Regeln, etwa im Rahmen der MAX-Software (mehr dazu später), erzeugen.

- **Harmonische Sequenzen** nach Regeln: Hier werden statt kontrapunktischen Intervallen Sequenzen von Akkorden ausgesetzt, die den Regeln der Harmonielehre (z.B. Modulation: Neutralisierung/Modulationsakkorde/Kadenz) gehorchen und so eine syntagmatische Struktur erzeugen.

- **Boolsche Operationen** auf Mengen von Noten, das heisst Bildung von Durchschnitten, Vereinigungen, Differenzen von bestehenden Notengruppen. Wir gehen darauf noch in der Diskussion der Kompositions-Software presto ein.

Bei paradigmatischen Prozessen muss man zwei Typen unterscheiden, was die Etymologie *para*~nahe/bei und *deigma*~Verweis angibt. Erstere Wurzel (para) meint topologische Nachbarschaft, Verformung, Umgebung. Die zweite (deigma) meint Verweis, Transformation in etwas anderes. Wir geben anschliessend zu jedem Subtypus entsprechende Beispiele. Wesentlich ist hier, dass diese Prozesse nicht primär das Syntagma betreffen, sondern Verwandtschaften beziehungsweise Assoziationen erzeugen oder beschreiben, die im Syntagma unter Umständen weit auseinanderliegende Objekte betreffen.

PARA: Deformationen und Variationen

Beispiele:

- Alteration, die Veränderung von Tonhöhen zu benachbarten Werten, ein Verfahren, das für die Ähnlichkeit von Motiven herangezogen wird oder auch für das Verständnis von Akkordvarianten.

- Quantisierung, die Veränderung von Werten in einen vorgegebenen (in absentia existierenden!) Raster hinein. Häufig geschieht das in der rhythmischen Ebene, wo man „verwackelte" Einsatzzeiten und Dauern in einen rhythmischen Raster hinein deformiert, oder wo man absichtlich eine gegebene Rhythmik zu einer Variation deformiert.

Diese Verfahren werden ganz prominent auch in Musiksoftware (Sequenzer, Kompositionssoftware) verwendet.

DEIGMA: Transformationen und Symmetrien

Vorbemerkung: Unter Transformationen verstehen wir Abbildungen, die sich aus Verschiebungen und linearen Transformationen zusammensetzen. Symmetrien sind umkehrbare Transformationen. Wir werden aber diese Begriffe nicht weiter verfolgen, sondern nur bekannte Beispiele diskutieren, um die Mathematik hier nicht zu strapazieren!

Hier werden also die assoziierten Objekte nicht durch Nachbarschaft oder Ähnlichkeit ermittelt, sondern als Resultat eines spezifischen Zeigens durch ein Werkzeug: die Transformation oder Symmetrie.

Beispiele:

- Symmetrien wie Transposition, Umkehr, Krebs und Krebsumkehr (Bild 3.13 zeigt die Krebsumkehr in der Komposition „Ludus Tonalis" von Hindemith) sind klassische Prozesse, welche ein assoziatives Umfeld eines musikalischen Objekts, etwa eines Motivs oder einer Zwölftonreihe, definieren. Die diversen transformierten Erscheinungen einer Zwölftonreihe innerhalb der Komposition haben mit dem Syntagma der Reihenfolge der Objekte nichts zu tun, definieren aber einen globalen Zusammenhang der Komposition.

- Terzschichtungen: Man kennt alle 211 aus Terzschichtungen (kleine oder grosse Terz) aufgebauten Akkorde von einem festen Grundton aus. Damit kann man beliebige Akkorde klassifizieren, indem man sie in alle minimalen Terzschichtungen transponiert, wo sie als Teilakkorde auftreten können. Hier wird Transformation (Transposition) für die harmonische Analyse benutzt. Dieses Verfahren wurde in der Harmonie-Analyse-Software HarmoRUBETTE der Software RUBATO und in der Kompositionssoftware presto benutzt.

Abbildung 3.13: Krebsumkehr bei Hindemiths Ludus Tonalis; Auschnitt aus *Ludus Tonalis*, ©Schott Verlag, Mainz

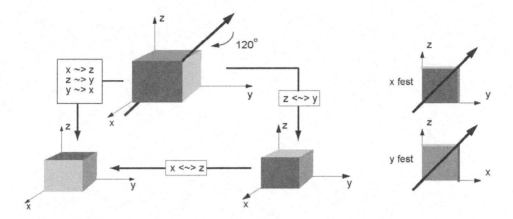

Abbildung 3.14: Drehung im 3D aus 2D-Spiegelungen

Symmetrien und Transformationen sind grundsätzlich in beliebigen Dimensionen ausführbar. So kann man etwa eine Drehung im dreidimensionalen Raum (etwa von E, H, L) ausführen. Wenn man dann in den 4D und noch höhere Dimensionen geht, was bei gewissen Musik-Objekten durchaus passieren kann, dann ist die Anschauung nicht mehr möglich. Trotzdem kann man alle noch so hochdimensionalen Symmetrien und Transformationen im zweidimensionalen Raum veranschaulichen. Die Idee ist diese: Man nimmt in einem Raum immer nur zwei der n Dimensionen heraus und transformiert diese. Dann wählt man zwei andere Dimensionen aus und transformiert diese auf eine zweite Art, etc. Das Gesamtresultat einer solchen Kette von jeweils zweidimensionalen Transformationsprozessen wird bei geschickter Wahl der Einzeltransformationen jede beliebige Transformation im n-dimensionalen Raum ermöglichen. Dieses Theorem ist von grundlegender Bedeutung für alle Belange der Computergraphik: Da der Bildschirm 2D ist, kann man auf demselben alle möglichen nD-Transformationen konstruieren. Das hat sich die Kompositions-Software presto zunutze gemacht. Wir kommen darauf später zu sprechen. Bild 3.14 zeigt ein Beispiel, wie man eine 3D-Drehung von 120 Grad um die Körperdiagonale in 2D-Transformationen (Spiegelungen in unserem Fall) zerlegen kann. Zuerst vertauscht man nur die x und y Achsen (und vergisst momentan die z-Achse) und dann vertauscht man die x- und z-Achsen (und vergisst momentan die y-Achse).

Kapitel 4

Industrie-Standards für kreative und analytische Bedürfnisse

Übersicht. Die Repräsentation von Musik ist ein zentrales Anliegen, seit es die Musik gibt. Hier werden wir uns mit vier verschiedenen Formen, nämlich Music N, presto, RUBATO und dem Lambda-Kalkül auseinandersetzen. Das zweite zentrale Thema des Kapitels ist das in der Informationstechnologie für die Speicherung und Kommunikation von Musikdaten meist verbreitete Format MIDI. Wir wollen uns einen geschichtlichen Überblick verschaffen und den Aufbau der Technologie streifen.

– Σ –

4.1 Die 7 Komponenten von Musik-Software

Zu Beginn wollen wir die sieben Modell-Komponenten von Musik-Software beschreiben. Dabei benutzen wir (wie immer) die topographische Rahmenbeschreibung, welche zu Beginn dieser Vorlesung eingeführt wurde. Bild 4.1 zeigt schematisch die sieben Bereiche von Musik-Software.

1. **Repräsentation**: Wir erkennen darin auf dem neutralen Niveau in der Mittelachse die Repräsentationslinie mit mentaler Partitur (= Score) und dem Gegenstück für die Aufführung, der Performance Score.

2. **Soundsynthese** und

3. **Soundanalyse**: Dies sind auf der Ebene der Farb-Parameter die poietischen und aesthesischen Komponenten.

4. **(Geometrische) Komposition** und

5. **(Geometrische) Analyse**: Dies sind auf der Ebene der geometrischen Parameter die poietischen und aesthesischen Komponenten.

6. **Performance Transformation**: Dies ist die Komponente, die die Transformation von mentalen Objekten in physikalische Aufführungsparameter regelt.

7. **AVG-Interfaces (Hears, Views & Controlles)**: Diese Ebene des audio-visuell-
   gestischen Interfaces wollen wir hier nicht näher behandeln, obwohl es natürlich für die Benutzung von Software ein zentrales Thema ist!

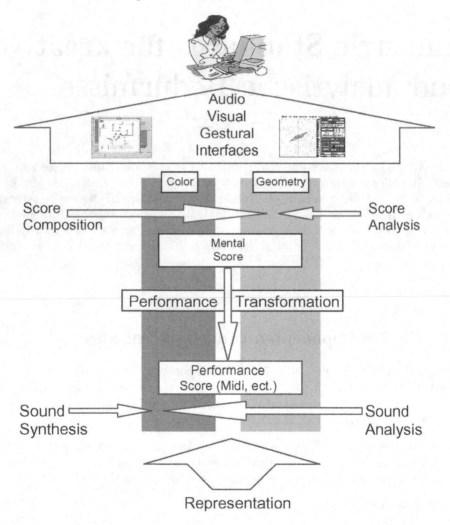

Abbildung 4.1: Die 7 Komponenten von Musik-Software

Hier einige Beispiele zu ausgesuchten Komponenten und ausgewählten Software-Realisationen:

4.2 Repräsentation

Die Repräsentation von Musik ist ein zentrales Anliegen, seit es die Musik gibt. Waren es im Frühmittelalter die Neumen, so ist die Repräsentationsfrage heute im Rahmen von Software-Formaten behandelt:

> Musik-Repräsentationssoftware gestaltet die Neumen von heute.

4.2.1 Music N

Wir betrachten zuerst Music N (hier als Lernversion N=0), eine Familie von Repräsentationssprachen, die 1960 durch Max Mathews (Music III) bei Bell Telephone Labs NJ. gestartet wurde (siehe Bild 4.2). Music N ist die Muttersprache bekannter Formate, etwa Csound, Common Lisp Music, NeXT MusicKit oder IRCAM MAX.

Die Sprache unterscheidet zwei Datei-Typen: Das Orchestra File und das Score File. Ersteres enthält die Instrumentendefinitionen, letzteres die Notenlisten und die Wave- und Envelope-Tabellen. Aus diesen beiden Dateien werden in einem Sound-Synthese-Programm die Sound-Events generiert und auf ein Sound-File geschrieben. Die Orchestra Language benutzt die Beschreibung, welche wir von Sound-Events früher gegeben hatten (mit Envelope, etc.), ausser dass die (normierte) Envelope und die Wave hier vom Score-File geliefert wird. Die technologische Realisation eines solchen Instrumentes basiert auf Unit Generators, also Einheitsgeneratoren, die (wie in Bild 4.2 unten links gezeigt) zusammengestöpselt werden. Die Software-Beschreibung eines solchen Unit Generators, hier eines Hüllkurven-Generators, ist in Bild 4.2 unten rechts gezeigt. Dabei bezieht sich der Input auf die normierte Hüllkurve f1 und die Wave f2, welche beide im Score-File (Bild 4.2 oben rechts) definiert sind. Dabei ist f1 ein Liniensegment und f2 eine Fourier-Synthese-Wave.

Die Score Language beinhaltet neben der Beschreibung der Envelopes und Waves auch die Liste der Sound-Events, welche durch die Parameter p1 bis p7 erfasst werden. Dabei bedeuten

- p1 = Instrument

- p2 = Einsatzzeit (physikalisch)

- p3 = Dauer

- p4 = Frequenz

- p5 = Amplitude

- p6 und p7: Filter-Daten,

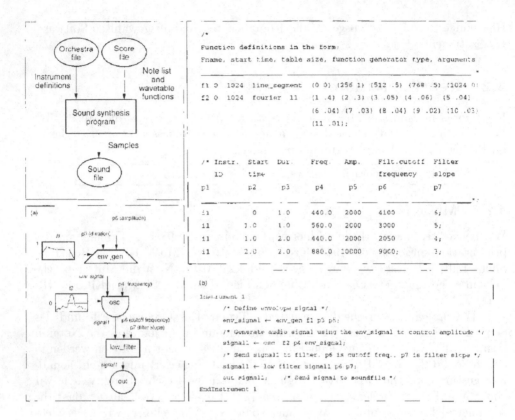

Abbildung 4.2: Music N Description: Orchestra, Score, Examples

wie wir die Darstellung ja (bis auf die hier nicht wichtigen Filterdaten) kennengelernt hatten.

4.2.2 Kompositionssoftware presto

In der 1987-1994 entwickelten Kompositionssoftware presto[1], die in ANSI-C geschrieben ist, heissen die Töne presto-NoteEvents (siehe Bild 4.3). Sie werden erst
durch die Performance-Daten der Tempo-Kurve der Software zu physikalischen
Events verwandelt. Wir betrachten hier nur die Daten auf der mentalen Seite.
Oben links im Bild sieht man das SCORE-Datenformat. Diese Partitur besteht
aus drei Ketten von Verweisen auf Ereignisse, die durch die * gekennzeichnet sind.
Sie startet bei noe_beg, dem ersten Verweis. Dieser zeigt auf eine erste Note (Format NOTE_EVENT, oben rechts in Bild 4.3). Diese hat die mentalen (!) Parameter
Einsatzzeit (time), Tonhöhe (hoehe), Dauer (dauer), Lautstärke (laut), Instrument

---

[1]Presto ist auf dem Internet als Shareware verfügbar.

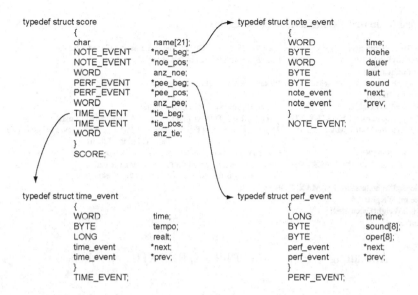

```
typedef struct score                         typedef struct note_event
{                                             {
    char              name[21];                   WORD              time;
    NOTE_EVENT        *noe_beg;                    BYTE              hoehe
    NOTE_EVENT        *noe_pos;                    WORD              dauer
    WORD              anz_noe;                     BYTE              laut
    PERF_EVENT        *pee_beg;                    BYTE              sound
    PERF_EVENT        *pee_pos;                    note_event        *next;
    WORD              anz_pee;                     note_event        *prev;
    TIME_EVENT        *tie_beg;                 }
    TIME_EVENT        *tie_pos;                 NOTE_EVENT;
    WORD              anz_tie;
}
SCORE;


typedef struct time_event                     typedef struct perf_event
{                                             {
    WORD              time;                        LONG              time;
    BYTE              tempo;                        BYTE              sound[8];
    LONG              realt;                        BYTE              oper[8];
    time_event        *next;                       perf_event        *next;
    time_event        *prev;                       perf_event        *prev;
}                                             }
TIME_EVENT;                                   PERF_EVENT;
```

Abbildung 4.3: Presto-Definitionen auf der Score-Seite

(sound) sowie zwei Verweise: Einen auf die nächste Note (*next) und einen auf die vorangehende Note (*prev). Die Noten sind also miteinander verkettet und können so schnell aufeinander zugreifen in einem syntagmatischen Reigen.

Der zweite Datentyp der SCORE ist die Kette der Instrumentierungs-Events, wie wir unten rechts im Bild 4.3 sehen. (Format PERF_EVENT). Auch hier finden wir Verkettungskoordinaten *next und *prev.

Der dritte Datentyp der SCORE ist die Kette der Tempo-Angaben (unten links im Bild 4.3, Format TIME_EVENT), die die Koordinaten time (=Einsatzzeit der neuen Tempo-Angabe) und tempo (=neuer Tempowert), sowie die Verkettungsdaten zum nächsten Tempo-Event (*next) und zum vorangehenden Tempo-Event (*prev) enthält.

4.2.3 RUBATO

Das dritte Beispiel stammt aus dem Harmonie-Modul der RUBATO-Software[2] (siehe Bild 4.4). Das Programm RUBATO und dessen Quelltext sind auf dem Internet als Opensource Freeware verfügbar. Hier sehen wir eine ganz andere Art von Software-Sprache, nämlich die objektorientierte Programmsprache Objective C.

Zwischen den beiden abschliessenden geschweiften Klammern (ganz oben und ganz unten) sehen wir viele Zeilen, die sich alle gleichen: Ein Symbol ist einem fettgedruckten zweiten Symbol vorangestellt. Dahinter kommen immer noch die

---

[2]www.rubato.org

```
+Chord.h +.m +<Ordering.h +.m +,Inspectable+>
{
    id myOwnerSequence;                    The ChordSequence Object, that contains this Chord instance
    double *myPitchList;                   List object with Pitches of this chord
    int myPitchCount;
    unsigned short myPitchClasses;         Bit sequence 0,1,...,11 from the right as usual
    double myOnset;
    id myThirdStreamList;                  List of ThirdStream objects of the chord
    double myRiemannMatrix[MAX_FUNCTION][MAX_TONALITY];        A numeric 6x12 matrix
    double myLevelMatrix[MAX_FUNCTION][MAX_TONALITY];    Level 6x12 Matrix for the level sensitivity for
                                                         the calculation of paths
    short mySupportStart;                  First non-zero locus (=index) of myLevelMatrix, is 72 iff all are zero
    short myLocus[PATHNUMBER+1];           Array of integers for the best PATHNUMBER paths,
                                           the last entry is free for calculations, it's the workpath
    double myPitchClassWeights[MAX_TONALITY];
    double myWeight;
    BOOL isWeightCalculated;
}    +Index
```

Abbildung 4.4: HarmoRUBETTE/RUBATO: chord class

Beschreibungen der Bedeutungen dieser Symbole. Dies ist die Definition einer
objekt-orientierten Klasse. Die einzelnen fettgedruckten Symbole sind die Attribute, welche eine Klasse definieren, während die vorangestellten Symbole die Sorten
der Attribute bezeichnen.

Eine solche Klasse stellt eine Art Raum dar, in welchen sich eine bestimmte
Sorte von Objekten bewegen kann. Hier in Bild 4.4 wird der „Raum" (die Klasse)
für die Akkorde bereitgestellt. Punkte in diesem Raum heissen Instanzen oder
Objekte und werden durch Angabe bestimmter Werte der Attribute festgelegt.
Wir haben beispielsweise in der dritten Zeile das Attribut (= Instanzvariable)
myPitchCount, welches von der Sorte int ist. Das meint: **myPitchCount** ist eine
ganze Zahl (int = Integer) und soll die Anzahl der Tonhöhen-Oktavklassen eines
Akkordes angeben. Die fünfte Zeile double **myOnset** bezeichnet eine reelle Zahl,
nämlich die mentale Einsatzzeit des Akkordes.

Wichtig ist hier, dass der Akkordbegriff in der Chord-Klasse sehr komplex ist:
Wir finden nicht nur Daten zum einzelnen Akkord, sondern auch Hilfsdaten zur
harmonischen Analyse, in denen der Akkord vorkommen wird, etwa die Attribute
myThirdStreamList oder **myRiemannMatrix**, welche eine funktionstheoretische
Analyse (Riemann-Theorie) des Akkordes mitbeschreiben. Siehe Kapitel 10.4 für
Details.

Daraus lernen wir, dass mit fortschreitender Programmierkunst auch die Objekte der Musik immer umfassender beschrieben werden, sei es in ihrem Zusammenhang wie bei presto oder sei es in ihren analytischen Nebendaten wie bei der
RUBATO-Klasse Chord.

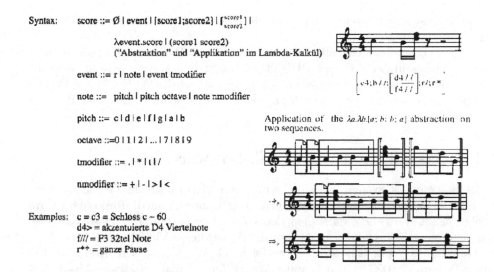

Syntax: score ::= ∅ | event | [score1;score2] | [score1/score2] |

λevent.score | (score1 score2)
("Abstraktion" und "Applikation" im Lambda-Kalkül)

event ::= r | note | event tmodifier

note ::= pitch | pitch octave | note nmodifier

pitch ::= c | d | e | f | g | a | b

octave ::= 0 | 1 | 2 | ... | 7 | 8 | 9

tmodifier ::= . | * | t | /

nmodifier ::= + | - | > | <

Application of the λa.λb.[a: b: b: a] abstraction on two sequences.

Examples: c = c3 = Schloss c ~ 60
d4> = akzentuierte D4 Viertelnote
f/// = F3 32tel Note
r** = ganze Pause

Abbildung 4.5: Beschreibung und Beispiele für Lambda-Kalkül-Sprache; Music Calculus (Yann Orlarey et al.) [25]

4.2.4 Lambda-Kalkül

Das vierte Beispiel ist ein am sogenannten Lambda-Kalkül orientierter Entwurf von Orlarey et al. [25] im Sinne einer „Algebra der Musik". Es gleicht Paul Hudaks' Haskore/Haskell-Sprache, die an der Yale University entworfen wurde und deren Name auf Haskell Curry, einen Pionier des Lambda-Kalküls, zurückgeht (Stichwort für Informatiker: „Currysierung").

Wesentlich an diesem Ansatz ist der rekursive Charakter. Wir sehen in der ersten Zeile der Syntax-Definition in Bild 4.5, dass eine Score durch verschiedene Alternativen definiert wird. Die Alternativen werden, entsprechend der in der Informatik bekannten Backus-Naur-Form BNF, einer Metasprache zur Beschreibung von Programmiersprachen, durch senkrechte Striche getrennt: Eine Score ist also entweder leer (∅), ein Event, ein Nebeneinander von Score1 und Score2, ein (zeitliches) Übereinander von Score1 und Score2, eine Abstraktion oder eine Applikation. Für uns ist wichtig, dass in dieser Definition der Begriff der Score implizit verwendet wird. Man kann so also Hierarchien von Scores bauen, startend mit der leeren Score oder mit einem Event. Auch ein Event ist rekursiv aufgebaut: Entweder ein r (eine Pause), eine Note oder ein Event + Modifier.

Die Details sind ziemlich klar, wir geben verschiedene Beispiele unten links im Bild 4.5. Oben rechts im selben Bild sehen wir auch, wie man ein Notenbeispiel mit dieser Sprache konstruieren kann. Unten rechts wird gezeigt, wie man durch Zusammenbauen von einfachen Blöcken kompliziertere Strukturen erhalten kann.

Obwohl eine solche Sprache durch ihre rekursive Syntax interessantes Potential besitzt, ist sie doch sehr beschränkt, da sie sich letztlich immer aus Notenmaterial aufbauen muss.

Wir werden unten eine allgemeinere Sprache, das Denotator-Format, kennenlernen, welches in der Software RUBATO benutzt und gegenwärtig an verschiedenen internationalen Forschungszentren ausgebaut wird. Das Denotator-Format erlaubt es, sowohl mentale, als auch physikalische Konstrukte oder auch Prozesse genau zu beschreiben.

4.3   Klassifikation von Musik-Software

Musik-Software ist extrem vielfältig, erfüllt aber darin auch die Grundforderung der aus der modernen Mathematik hervorgegangenen „Yoneda-Philosophie". Ihr zufolge heisst Verstehen, dass man den Gegenstand seines Interesses von allen Perspektiven aus anschauen muss, um dann aus dieser Vielfalt an Perspektiven ein Ganzes des Verstehens zu errichten (siehe G. Mazzola & G.R. Hofmann: Der Music-Designer MDZ71 - Hard- und Software für die mathematische Musiktheorie). Gerade in der Musik ist diese Philosophie von grosser praktischer und theoretischer Bedeutung. Geraint Wiggins et al. betonen in [36] gerade die Vielfalt als Charakteristikum der Darstellungsweisen von Musikobjekten:

> In many representation tasks, ambiguity of representation can be
> a problem, whereas in music, multiple readings of an object can
> be vital.

Wiggins hat die Leistungsart von Musik-Software in einer 2D-Darstellung positioniert, deren Koordinaten da sind:

- Expressive Completeness ~ Vollständigkeit der Darstellung auf der physikalischen Ebene

- Structural Generality ~ Umfang der analytischen Einsicht auf der mentalen Ebene

In der Graphik 4.6 von Wiggins sehen wir, dass MIDI, die verbreitete Sprache für Kommunikation zwischen Computern und Synthesizern, ziemlich schlecht wegkommt. Die Partitur, hier als „Score" bezeichnet, steht in der Mitte des Bildes: Sie liefert weder zuviel an physikalischer Expressivität, noch zuviel an analytischer Einsicht, sondern erscheint hier als neutrale Mitte.

Man lernt aus der vorliegenden Studie von Wiggins et al., dass die Tendenz dahin geht, immer universellere Datenformate zu realisieren. Weiter aber auch, dass dabei die Geschlossenheit der Leistung verloren geht. Das heisst, es wird zunehmend davon ausgegangen, dass spezielle Anforderungen an die Sprache, sei das in Richtung Analyse, Komposition oder Performance, von modularen Zusatzapplikationen eingebracht werden müssen, welche von Drittanbietern oder Partnern entwickelt werden. Dies ist nicht nur ein negativer Trend, es ist die typische Verschiebung der Arbeitsstile in Richtung kollaborative Gemeinschaften,

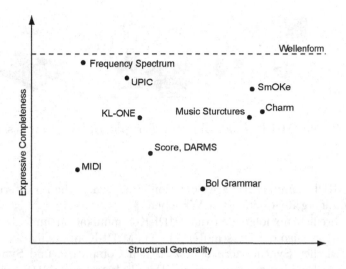

Abbildung 4.6: Darstellungsgraphik von Wiggins et al.

welche global, aber verteilt zusammenarbeiten. Nicht vergebens spricht man in der modernen Forschungssoziologie von „Collaboratories", von verteilten Laboratorien, die dicht vernetzt zusammenarbeiten. Ich verweise dabei auf die Studie H@E [20], welche bereits erwähnt wurde.

4.4 MIDI

MIDI ist das in der Informationstechnologie meist verbreitete Format für die Speicherung und Kommunikation von Musikdaten (nicht von digitalisierten Sound-Daten, welche man auf der CD speichert). Wir müssen es deshalb etwas genauer diskutieren.

4.4.1 Kurze Geschichte

MIDI (Musical Instrument Digital Interface) löst 1983 offiziell die ersten Entwürfe „Universal Synthesizer Interface" von 1981 ab, welche von Dave Smith und Chet Wood an der 70th Convention of the Audio Engineering Society vorgestellt wurden. Ende 1982 und definitiv im Januar 1983 wurde die „MIDI 1.0 Spezifikation" an der NAMM (National Association of Music Merchants) verabschiedet. Interessant ist dabei, dass nun nicht mehr die akademische Audio Engineering Society, sondern ganz pragmatisch die Vereinigung von Musikhändlern das Heft in die Hand genommen hatte! Standardisierung als Angelegenheit der Musikindustrie, nicht der Musikwissenschaft. Eine Tatsache, über die es sich lohnt nachzudenken.

Das Dokument „MIDI 1.0 Spezifikation" ist die Beschreibung von MIDI. Es

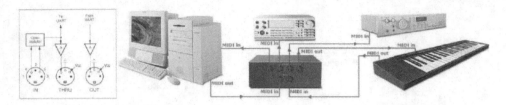

Abbildung 4.7: Eine MIDI-Vernetzung mit Computern und Synthesizern und Audio-Peripherie

ist durch die MIDI Manufacturer's Association erhältlich. Siehe im Internet unter http://www.midi.org für die neusten Versionen.

Wir beschreiben im folgenden die MIDI-Kommunikation und die Struktur der MIDI-Messages, also der Botschaften, die via MIDI-Kommunikation zwischen Computern, zwischen Synthesizern oder zwischen Computern und Synthesizern ausgetauscht werden können. Für weitere Details betreffend MIDI sei auf das Buch „Musik-Programmierung" von Justus Noll [23] verwiesen.

4.4.2 MIDI-Kommunikation

Bild 4.7 zeigt die Charakterisierung der MIDI-Kommunikation (Hardware). Auf der rechten Seite sehen wir eine typische MIDI-Gerätekonfiguration. Es sind Computer, Synthesizer und Mixer zu erkennen. Die MIDI-Kommunikation selber benutzt MIDI-Kabel, welche ausgehende Signale am Port MIDI-Out, eingehende Signale am MIDI-Port MIDI-In und Signale, die einfach durch ein Gerät geschlauft werden, am MIDI-Port MIDI-Thru übertragen (siehe Bild 4.7, links). Die Datenübertragung ist seriell, das heisst, alle Daten werden strikt nacheinander gesendet. Die digitale Datenübertragung sendet mit einer Rate von mit 31'250 Baud (Baud = 1 Bit pro Sekunde) (=1 MegaBaud/32) in Kabeln zu 5mA. Heute gibt es auch parallele Übertragung.

4.4.3 Die Struktur der Messages

Die Struktur der MIDI-Botschaften oder Messages zeigt Bild 4.8. Sie ist typisch die einer Botschaft an ein Instrument: „Tue dies oder jenes!" und ist damit in der Strukturebene sehr niedrig angesiedelt, dafür gut brauchbar für das konkrete Zusammenspiel vieler E-Instrumente. Grundsätzlich besteht jede MIDI-Message aus 10-Bit-Wörtern, das heisst aus Sequenzen von 10 Bits. Das Start- und das Stop-Bit haben immer den Wert 0. Die Übertragung eines Wortes benötigt also 320 μsec, also ca. 1/3 Millisekunde. Wir werden von jetzt an die Start- und Stop-Bits nicht mehr angeben und nur die inneren acht Bits, also ein Byte, anschreiben.

Eine MIDI-Botschaft besteht aus einem Statusbyte und 2-3 Datenbytes. Das Statusbyte beginnt mit dem Bit-Wert 0, die Datenbytes mit dem Bit-Wert 1,

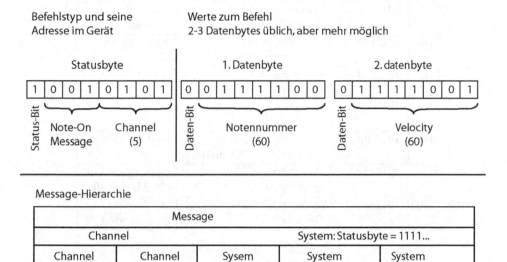

Abbildung 4.8: MIDI-Messages

hex	Statusbyte	Datenbyte	Message	Beschreibung
$8n	1000nnnn	0kkkkkkk	Note Off	kkkkkkk: Key #
		0vvvvvvv		vvvvvvv: Velocity
$9n	1001nnnn	0kkkkkkk	Note On	kkkkkkk: Key #
		0vvvvvvv		vvvvvvv: Velocity
$An	1010nnnn	0kkkkkkk	Polyphonic Key	kkkkkkk: Key #
		0vvvvvvv	Pressure	vvvvvvv: Velocity
$Bn	1011nnnn	0ccccccc	Control Change	ccccccc: Controller #
		0vvvvvvv		vvvvvvv: Value
$Cn	1100nnnn	0ppppppp	Program Change	ppppppp: Program #
$Dn	1101nnnn	0vvvvvvv	Channel Pressure	vvvvvvv: Pressure
$En	1110nnnn	01111111	Pitch Bend	1111111: LSB Wert
		0mmmmmmm		mmmmmmm: MSB Wert

Tabelle 4.1: Channel Voice

hex	Statusbyte	Datenbyte	Message
$Bn	1011nnnn	0ccccccc = 121 0vvvvvvv = 0	Reset all Controllers
$Bn	1011nnnn	0ccccccc = 122 0vvvvvvv = 0/127	Local Control Off/On
$Bn	1011nnnn	0ccccccc = 123 0vvvvvvv = 0	All Notes Off
$Bn	1011nnnn	0ccccccc = 124 0vvvvvvv = 0	Omni Mode Off
$Bn	1011nnnn	0ccccccc = 125 0vvvvvvv = #Kanäle	Omni Mode On
$Bn	1011nnnn	0ccccccc = 126 0vvvvvvv = 0	Mono Mode On Poly Mode Off
$Bn	1011nnnn	0ccccccc = 127 0vvvvvvv = 0	Poly Mode On Mono Mode Off

Tabelle 4.2: Channel Mode

hex	Statusbyte	Datenbyte	Message	Beschreibung
$F0	11110000	0iiiiiii 0xxxxxxx . . . 0xxxxxxx	System Exclusive	iiiiiii: Hersteller-ID xxxxxxx: Daten
$F7	11110111		EOX	End of Exclusive

Tabelle 4.3: System Exclusive

hex	Statusbyte	Datenbyte	Message	Beschreibung
$F1	11110001	0tttdddd	MTC	
$F2	11110010	01111111 0mmmmmmm	Song Position Pointer	1111111: LSB mmmmmmm: MSB
$F3	11110011	0sssssss	Song Select	sssssss: Song #
$F4	11110100			nicht definiert
$F5	11110101			nicht definiert
$F6	11110110	0vvvvvvv	Tune Request	
$F7	11110111		EOX	End of Exclusive

Tabelle 4.4: System Common

hex	Statusbyte	Message	Beschreibung
$F8	11111000	Timing Clock	
$F9	11111001		nicht definiert
$FA	11111010	Start	
$FB	11111011	Continue	
$FC	11111100	Stop	
$FD	11111101		nicht definiert
$FE	11111110	Active Sensing	
$FF	11111111	System Reset	

Tabelle 4.5: System Real Time

siehe Bild 4.8 oben. Das Statusbyte gibt den Befehlstyp und Adresse des Typs an, während die Datenbytes die Werte angeben, welche die Befehle spezifizieren.

Die Messages sind durch verschiedene Status-Byte-Typen in eine Hierarchie von Botschaften gegliedert (siehe Bild 4.8, unten). Die Hierarchie unterscheidet zwischen Channel – und System Messages. Erstere sind anschaulich gesagt Botschaften, die einzelnen Musikern Befehle erteilen. Jeder Channel ist so etwas wie ein Musiker. Es gibt 16 Musiker, die durch die Werte des zweiten halben Byte im Statusbyte einer Channel Message nummeriert sind. Der „Musiker" kann aber jederzeit sein Instrument wechseln. Ein solcher Instrumentenwechsel wird durch eine Programm Change Message bewirkt. Dies ist der Befehl mit Statusbyte 1100.... in den Channel Voice Messages (siehe Tabelle 4.1, drittletzte Zeile).

Die Channel Voice Messages betreffen Einzelstimmen, während die Channel Mode Messages das Zusammenspiel der Channels regeln.

Die System Messages betreffen das gesamte System, sie beginnen immer mit einem Statusbyte der Gestalt 1111... (siehe Tabellen 4.3 - 4.5). Von den System Messages gibt es drei Typen: System Exclusive, System Common und System Realt Time Messages. Erstere sind reserviert für System-Botschaften, die herstellerspezifisch sind. So kann jeder Instrumentenhersteller seine Spezialitäten einbringen. Die System Common Messages betreffen allgemeine Systemeinstellung wie etwa die Position im gerade ablaufenden Musikstück. Die Realt Time Messages betreffen Zeitinformationen (etwa die Timing Clock, die die Ticks ausgibt).

In der Tat ist die Zeitbehandlung bei MIDI nicht ganz trivial. Es wird eigentlich eine mentale Zeit benutzt, die in Ticks gemessen wird, welche ein bestimmter Bruchteil einer Viertelnote sind. Üblich ist ein 24stel einer Viertelnote, aber das kann stark variieren. Wie lange ein Tick dauert, bestimmt die Tempo-Information. Sie wird jeder MIDI-Datei als sogenannte Meta-Information vorangestellt.

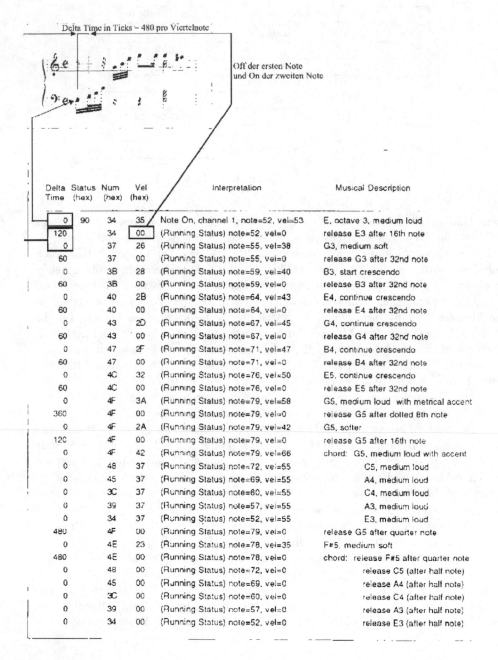

Delta Time	Status (hex)	Num (hex)	Vel (hex)	Interpretation	Musical Description
0	90	34	35	Note On, channel 1, note=52, vel=53	E, octave 3, medium loud
120		34	00	(Running Status) note=52, vel=0	release E3 after 16th note
0		37	26	(Running Status) note=55, vel=38	G3, medium soft
60		37	00	(Running Status) note=55, vel=0	release G3 after 32nd note
0		3B	28	(Running Status) note=59, vel=40	B3, start crescendo
60		3B	00	(Running Status) note=59, vel=0	release B3 after 32nd note
0		40	2B	(Running Status) note=64, vel=43	E4, continue crescendo
60		40	00	(Running Status) note=64, vel=0	release E4 after 32nd note
0		43	2D	(Running Status) note=67, vel=45	G4, continue crescendo
60		43	00	(Running Status) note=67, vel=0	release G4 after 32nd note
0		47	2F	(Running Status) note=71, vel=47	B4, continue crescendo
60		47	00	(Running Status) note=71, vel=0	release B4 after 32nd note
0		4C	32	(Running Status) note=76, vel=50	E5, continue crescendo
60		4C	00	(Running Status) note=76, vel=0	release E5 after 32nd note
0		4F	3A	(Running Status) note=79, vel=58	G5, medium loud with metrical accent
360		4F	00	(Running Status) note=79, vel=0	release G5 after dotted 8th note
0		4F	2A	(Running Status) note=79, vel=42	G5, softer
120		4F	00	(Running Status) note=79, vel=0	release G5 after 16th note
0		4F	42	(Running Status) note=79, vel=66	chord: G5, medium loud with accent
0		48	37	(Running Status) note=72, vel=55	C5, medium loud
0		45	37	(Running Status) note=69, vel=55	A4, medium loud
0		3C	37	(Running Status) note=60, vel=55	C4, medium loud
0		39	37	(Running Status) note=57, vel=55	A3, medium loud
0		34	37	(Running Status) note=52, vel=55	E3, medium loud
480		4F	00	(Running Status) note=79, vel=0	release G5 after quarter note
0		4E	23	(Running Status) note=78, vel=35	F#5, medium soft
480		4E	00	(Running Status) note=78, vel=0	chord: release F#5 after quarter note
0		48	00	(Running Status) note=72, vel=0	release C5 (after half note)
0		45	00	(Running Status) note=69, vel=0	release A4 (after half note)
0		3C	00	(Running Status) note=60, vel=0	release C4 (after half note)
0		39	00	(Running Status) note=57, vel=0	release A3 (after half note)
0		34	00	(Running Status) note=52, vel=0	release E3 (after half note)

Abbildung 4.9: Ausschnitt aus einem MIDI-Standard-File (unkodiert in normalen Wörtern und Zeichen dargestellt)

MIDI-Dateien speichern die MIDI-Messages eines Musikstücks, damit man dasselbe später auf MIDI-Geräten wieder spielen (lassen) oder auf dazu geeigneter Software (Sequenzer) weiterbearbeiten kann. Die Standard-MIDI-File-Formate regeln die Syntax dieser MIDI-Dateien. Bild 4.9 zeigt den Ausschnitt aus einem Musikstück in MIDI-Messages. In der Tabelle unten sehen wir in der ersten Spalte ein Delta Time. Dies ist immer gerade die Anzahl Ticks von einem Ereignis zum nächsten. In diesem Beispiel wird eine Viertelnote in 480 Ticks aufgeteilt. Die erste 16tel-Note hat einen Befehl Note On: „Fang an zu spielen". Dann steht channel1: Der erste Musiker soll spielen. Es soll die Tonhöhe 52 (=Note e) und die Lautstärke 53 (=velocity, ein Wert zwischen 0 und 127) gespielt werden. Nach der ersten 16tel-Note der Partitur (oben) erscheint 120 Ticks, also eine 16tel-Note. Später ein zweites Ereignis: „Spiele jetzt dieselbe Tonhöhe mit velocity = 0", oder mit anderen Worten: „Beende die erste Note!" („Running Status" sagt einfach, dass das geltende Statusbyte bis auf Widerruf immer dasselbe bleibt. Das erspart Übertragungszeit!). Das nächste Delta Time ist 0, also gleichzeitig mit Beenden der ersten Note eine zweite Note der Tonhöhe 55 und Lautstärke 38 anspielen, etc.

Wir erkennen leicht, dass MIDI komplett konträr zu einem analytischen Verständnis von Musik-Objekten steht. Nicht einmal ein Sound-Event mit Einsatzzeit und Dauer ist klar definiert. Es heisst einfach: Irgendwer soll anfangen oder aufhören oder mit Lautstärke Null weiterspielen. Die Einheit der Begriffe ist hier auf die knappen Befehle eines Sklaventreibers reduziert. Aber darum ging es ja den Erfindern von MIDI auch:

> Es soll nicht gedacht, sondern gespielt werden, und zwar ganz schnell und direkt.

Kapitel 5

Musikalische Klangobjekte in Synthese und Analyse

Übersicht. Wir erinnern daran, dass das physikalische Klangobjekt nur eine Schwingung, in der Regel von kurzer Ausdehnung und alles andere als regelmässig ist. Zur Konstruktion gibt es verschiedene Verfahren, von denen wir einige genauer anschauen werden: Die Fourier-Darstellung, die Frequenzmodulation, die Wavelets und das Physical Modeling. Dabei werden die Vor- und Nachteile der verschiedenen Ansätze aufgezeigt.

$$- \Sigma -$$

Die Konstruktion respektive die Zerlegung physikalischer Klangobjekte wird nach verschiedensten Verfahren vorgenommen, von denen keines Exklusivität beanspruchen darf, auch wenn gewisse Verfahren historisch, technologisch, physiologisch oder psychologisch bestimmte Vorzüge oder Bedeutungen haben. Bild 5.1 zeigt die mentale Konstruktion und Zerlegung respektive die physiologisch/technologische Synthese und Analyse von Sound-Objekten im Rahmen der allgemeinen Musik-Topographie. Das Bild, das man sich von diesen „Perspektiven" eines Sound-Objekts machen muss, ist das der Darstellung eines Objekts als Punkt in einem Koordinatenraum. Wie in der Geographie ist die Darstellung (kartesische Koordinaten, Polarkoordinaten, etc.) nicht mit dem Objekt zu verwechseln. Ferner ist es ein wesentlicher Unterschied, ob

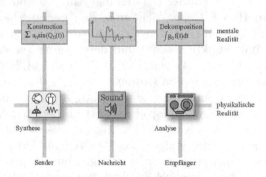

Abbildung 5.1: Konstruktion und Zerlegung von Soundobjekten

man ein mentales Verfahren angibt (zum Beispiel die Fourier-Zerlegung via Partialschwingungen) oder ob man dieses Verfahren auch physiologisch/technologisch
umsetzen kann. Oft sind die Annahmen, die eine bestimmte Darstellung erlauben,
nicht selbstverständlich; wir werden das gleich sehen. Also:

> Immer, wenn wir Darstellungen von Klangobjekten antreffen, zu-
> erst die Bedingungen untersuchen, unter denen sie verkauft oder
> gekauft werden sollen!

5.1   Die Fourier-Darstellung

Die Fourier-Darstellung ist die klassische Darstellung, welche im 18. Jahrhundert als „Oberton-Zerlegung" bekannt geworden und anfangs 19. Jahrhundert mathematisch bewiesen worden ist (der Mathematiker und Musiktheoretiker Pater
Mersenne entdeckte die Obertöne anfangs des 17. Jahrhunderts. Anfangs des 19.
Jahrhunderts bewies der Mathematiker Joseph Fourier im Rahmen von Untersuchungen der Wärmeleitung die Partialtonzerlegung).

Die Fourier-Darstellung betrifft strikt periodische Funktionen $f(t)$ der Zeit
t, in unserem Fall periodische Auslenkungen des normalen Luftdrucks. Die Periodizität $f(t+T) = f(t)$ mit Periode T und zugehöriger Frequenz $F = \frac{1}{T}$ wird mit
Tonhöhenwahrnehmung assoziiert. Daher also der unmittelbare Zusammenhang
mit der Musik.

Die Idee der Fourier-Darstellung von periodischen Funktionen basiert darauf,
dass man eine bestimmte Sorte von solchen Funktionen quasi als Koordinaten-
Achsen der Koordinatendarstellung einer periodischen Funktion nimmt und diese
Funktion dann in diesem „Koordinatensystem" positioniert. (Diese Sprechweise
ist im übrigen mathematisch vollkommen korrekt, also nicht nur eine Metapher.)

Die Fourier-Darstellung geht aus von ganz speziellen solchen Funktionen.
In Bild 5.2 oben sieht man drei periodische Funktionen, wobei die ganz rechts
zum durch Fourier ausgezeichneten Typus gehört. Diese Sorte Funktionen sind die
Sinus-Funktion $\sin(t)$ und deren affine Verzerrungen, das heisst den Funktionen
der Gestalt $A \cdot \sin(B \cdot t + C)$, wobei A, B, C Konstanten sind. Links daneben
erkennen wir den Cosinus: $\cos(t) = \sin(\frac{\pi}{2} - t)(A = 1, B = -1, C = \frac{\pi}{2})$. Diese
Art von Funktionen sind wichtig in der Theorie der schwingenden physikalischen
Systeme (zum Beispiel elastische Federn mit Massen, die daran hängen und durch
eine äussere Kraft in Schwingung versetzt werden), da sie der Differentialgleichung
$\sin'' = -\sin$ genügen, was für mechanische Schwingungssysteme ein Lösungsansatz
der Newtonschen Differentialgleichungen $kx = mx''$ ist.

Mathematisch gesehen sind sie aber sehr kompliziert. So erfüllen sie etwa den
tiefliegenden Zusammenhang mit der Exponentialfunktion: $\cos(x) + i \cdot \sin(x) = e^{i \cdot x}$.
Es kann also nicht die Rede davon sein, dass Sinusfunktionen „elementar" seien.
Wenn also in der musikalischen Akustik und ihrer „Metaphysik" von „reinen" Sinusschwingungen die Rede ist, muss das zumindest mathematisch zurückgewiesen
werden: Sinusschwingungen gehören zum Kompliziertesten, was es gibt.

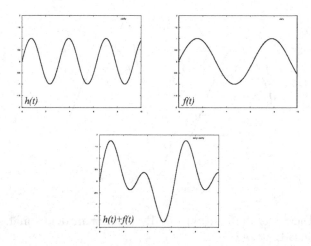

Abbildung 5.2: Periodische Funktionen h, f (oben) und die Summe davon (unten)

Nun kann man mit einem Arsenal von Funktionen verschiedene neue Funktionen produzieren, siehe unten in Bild 5.2. Wir nehmen dazu die drei periodischen Funktionen $h(t), g(t), f(t)$ von oben. Die Funktion links ist eine Streckung $\lambda \cdot h(t)$, die mittlere ist die Summe $h(t) + f(t)$ und die rechts ist erneut eine Streckung $\mu \cdot f(t)$.

Die Fourier-Darstellung benutzt diese sogenannte additive Methode der Erzeugung von Funktionen nach folgendem Satz:

> Sei $f(t)$ eine periodische (stückweise differenzierbare) Funktion mit Periode $[-\pi, +\pi]$. Dann lässt sich f eindeutig so darstellen:
> $f(t) = a_0 + \sum_{n=1,2,3,\ldots} a_n \cdot \cos(nt) + b_n \cdot \sin(nt)$

Die a's und b's lassen sich aus f eindeutig berechnen, nämlich:

> $n = 0 : a_0 = (\frac{1}{2\pi}) \cdot \int_{+\pi}^{-\pi} f(t)dt$
> $0 < n : a_n = (\frac{1}{\pi}) \cdot \int_{+\pi}^{-\pi} f(t) \cdot \cos(nt)dt$
> $0 < n : b_n = (\frac{1}{\pi}) \cdot \int_{+\pi}^{-\pi} f(t) \cdot \sin(nt)dt$

Es gibt viele gleichwertige Darstellungen:

> Wenn die Funktion die Frequenz F hat, das heisst eine Periode von der Länge $\frac{1}{F}$, dann lässt sich f so schreiben:
> $f(t) = A_0 + \sum_{n=1,2,3,\ldots} A_n \cdot \cos(2\pi \cdot nF \cdot t) + B_n \cdot \sin(2\pi \cdot nF \cdot t)$

Achtung: die A's und B's berechnen sich dann nicht mit identischen Integralformeln wie vorher gezeigt! Aber der Unterschied ist nicht gross. Siehe das Kapitel „Fourier Theory" in „Comprehensive Mathematics for Computer Scientists" [18].

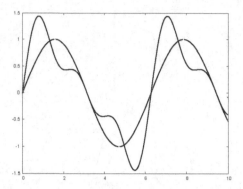

Abbildung 5.3: Die Sägezahnfunktion mit Periode 2π in der Annäherung durch die ersten drei Sinus-Beiträge

Eine dritte Darstellung verwendet die Phasenverschiebungen der einzelnen n-ten Beiträge: Wenn wir für zwei Zahlen a, b, $A = \sqrt{(a^2 + b^2)}$ setzen, dann gilt aus der Theorie der Sinusfunktion

$$a \cdot \cos(t) + b \cdot \sin(t) = A \cdot \sin(t + \arccos(\tfrac{b}{A})).$$

Daraus konstruiert man dann die dritte Darstellung:

$$f(t) = A_0 + \sum_{n=1,2,3,\ldots} A_n \cdot \sin(2\pi \cdot nF \cdot t + Ph_n)$$

Man nennt die Beiträge $A_n \cdot \sin(2\pi \cdot nF \cdot t + Ph_n)$ die n-ten Partialschwingungen, A_n die n-ten Amplituden und Ph_n die n-ten Phasenverschiebungen.

Ein Beispiel: Die Sägezahnkurve mit Periode 2π: Sie hat Steigung 100% und beginnt alle 2π beim Wert $-\pi$ und geht bis $+\pi$ hinauf. Sie ist bis auf die periodisch wiederkehrenden Zacken stetig, erfüllt also die Bedingungen von Fouriers Satz. Bild 5.3 zeigt die Annäherung der Sägezahnschwingung durch die ersten drei Sinus-Beiträge. Man erkennt, dass sich schon nach wenigen Schritten der Aufsummierung der Partialschwingungen die Sägezahngestalt gut erkennen lässt.

In der Praxis kann man natürlich nicht bis unendlich aufsummieren. Man rechnet endliche Summen aus, die umso genauer werden, je höher man geht. Es gibt noch ein Problem: In der Praxis sind natürlich keine periodischen Funktionen gegeben, sondern Schwingungen, die nur für eine endliche Dauer eine messbare Auslenkung aufweisen. Um diese Schwingungen trotzdem via Fourier zu beschreiben, tut man so, wie wenn sie sich nach links und rechts unendlich oft wiederholen würden, man hängt also an das real existierende „Wellenpaket" Kopien desselben links und rechts beliebig oft dran und berechnet dann die Fourier-Darstellung

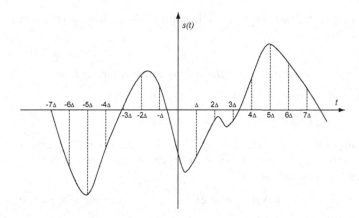

Abbildung 5.4: Messung einer Funktion an $N = 2n$ Punkten für $n = 7$

dieser nun periodischen Funktion! Das ist zumindest grundsätzlich eine massive
Veränderung der an sich gegebenen Schwingung!

Wir besprechen das in der Praxis wichtige Verfahren, aufgrund dessen die
Fourier-Darstellung durch schnelle Algorithmen der FFT (= Fast Fourier Transform) auf Computern auch rechnerisch beherrscht werden kann. Diese Technologie
ist weit verbreitet und muss deshalb zumindest in den Grundzügen allen bekannt
sein, damit man auch weiss was man tut, wenn man ein FFT-Programm auf eine
Schwingung loslässt!

Man misst dabei die Luftdruckauslenkung $f(t)$ in gleichen Zeitintervallen
Δ insgesamt $N = 2n$ Male. Das Wählen einer geraden Zahl ist eine rechnerisch
begründete Konvention. Gemessen wird also zu den Zeitpunkten

$$-n\Delta, ... -2\Delta, -\Delta, 0, \Delta, 2\Delta, ...(n-1)\Delta,$$

wie in Bild 5.4 dargestellt. Die Periode ist definitionsgemäss

$$T = N\Delta = 2n\Delta,$$

die Frequenz also

$$F = \tfrac{1}{T} = \tfrac{1}{N\Delta}.$$

Dann rechnet man die Funktion an allen gemessenen Zeitpunkten mit einer Fourier-
Summe folgendermassen aus:

$$\boxed{\begin{aligned} f(r\Delta) = a_0 + 2 \cdot \sum_{m=1,2,3,...n-1} a_m \cdot \cos(2\pi \cdot mF \cdot r\Delta) + \\ b_m \cdot \sin(2\pi \cdot mF \cdot r\Delta) + a_n \cdot \cos(2\pi \cdot nF \cdot r\Delta) \end{aligned}}$$

Diese Gleichung soll für alle $N = 2n$ Messwerte gelten. Hier ist die Zahl der
Summanden willkürlich. Aber es hat Sinn: Wir erhalten so $2n$ lineare Gleichungen
mit $2n$ Unbekannten $a_0, a_1, ..., a_n; b_1, b_2, ..., b_{n-1}$.

Man kann zeigen, dass das obige Gleichungssystem immer genau eine Lösung besitzt.

Kurze Begründung für Mathematik-Interessierte:

Wir haben dann die folgende Matrix-Darstellung:

$$f(*\Delta)^t = M \cdot (a_0, a_1, ...a_n; b_1, b_2, ...b_{n-1})^t \ ,$$

wobei X^t transponierte Matrix, also Spaltenvektoren, bedeutet und M eine quadratische $2n$-Matrix ist. Die gemessene Zeitreihe $f(*\Delta)$ wird also geschrieben als Linearkombination der Zeitreihen

$$C_m = \cos(2\pi \cdot mF(-n\Delta)), ... \cos(2\pi \cdot mF(n-1)\Delta) \text{ für alle } m = 0, ...n,$$

sowie der Reihen

$$S_m = \sin(2\pi \cdot mF(-n\Delta)), ... \sin(2\pi \cdot mF(n-1)\Delta), \ m = 1, ...n - 1.$$

Geht das immer? Ja, denn man beweist in der Analysis, dass diese Vektoren C_m und S_m linear unabhängig sind, das heisst die Determinante der Matrix M ist von Null verschieden und wir können deren Inverse bilden.

Ende der kurzen mathematischen Einschiebung.

Wir werden im Kapitel 6 im Detail auf die endliche Fourier-Zerlegung und den FFT-Algorithmus eingehen und im Kapitel 7 die Datenkompression mp3 genauer anschauen.

Die Darstellung benutzt also die Fourier-Darstellung bis zur n-ten Partialschwingung. Wir haben also die Grundfrequenz $F = \frac{1}{N\Delta}$. Ferner ist die höchste beteiligte Frequenz $nF = n.1/N\Delta = 1/2\Delta$. Das entspricht einer Periode von 2Δ, was heisst, dass man die Periode der höchsten Frequenz zweimal abtastet!

> Diese Frequenz $\frac{1}{2\Delta}$ heisst Nyquist-Frequenz der endlichen Fourierzerlegung.

Beispiel: Die Musik-CD benutzt als Abtastfrequenz 44.1 kHz, was das Doppelte der höchsten Hörfrequenz von Sinustönen im menschlichen Ohr ist, wenn man davon ausgeht, dass die cochleare Schallzerlegung mit der Fourierzerlegung etwas zu tun hat, was nicht genau abgesichert ist (siehe etwa Pierre Buser, Michel Imbert: „Audition" [6]).

Oft erreicht man in der Praxis bessere Resultate, wenn man nicht das gesamte Signal, sondern nur kurze Zeitfenster je für sich Fourier-analysiert. Bild 5.5 zeigt das Beispiel eines Trompetenklanges, der über 0.5 Sekunden dauert (Achse nach rechts). Man unterteilt diesen Zeitraum in viele kurze Anschnitte und führt für jeden dieser Abschnitte eine endliche Analyse durch nach dem obigen Muster. So wird auch der zeitliche Verlauf einer Schwingung durch veränderliche Fourierzerlegung dargestellt. Das in Bild 5.5 dargestellte, sogenannte Chronospektrum zeigt für jeden Zeitpunkt die Amplituden der Partialschwingungen bis zur

13. Partialschwingung. Die Darstellung ist allerdings etwas unehrlich: Es sieht aus, wie wenn man in jedem Zeitpunkt eine Fourier-Darstellung hätte, wo man doch in Wirklichkeit nur eine dichte Folge von Zerlegungen besitzt. Diese diskreten Werte werden in der Graphik zu kontinuierlichen Kurven zusammengesetzt (interpoliert).

Bemerkung: Das sogenannte Powerspektrum ist das Partialton-Spektrum, wo die Quadrate der Amplituden abgetragen werden. Dies macht Sinn, weil diese Grössen die Energien pro Partialschwingung angeben.

5.2 Frequenzmodulation

Neben der additiven Synthese, die recht mühsam jede der vielen Partialschwingungen aufbauen muss, gibt es schnellere Verfahren, um den Effekt einer grossen Zahl von Partialschwingungen zu erreichen. Berühmt ist das von John Chowning 1973 publizierte Verfahren der FM-(Frequenz-modulierten) Synthese (oder FM-Analyse). Chowning geht davon aus, die Sinus-Funktionen nicht einfach zu addieren wie Fourier, sondern sie funktionell zu verketten.

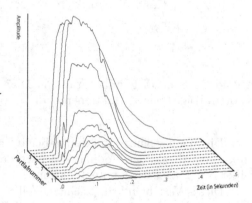

Abbildung 5.5: Chronospektrum einer Trompete

Wir nehmen zum Beispiel die Funktion $\sin(2\pi \cdot t)$ und die Funktion $\sin(2\pi \cdot 2t)$. Dies gibt die Verkettung $\sin(2\pi \cdot t + \sin(2\pi \cdot 2t))$, wobei zum Argument in der ersten Sinus-Funktion die zweite Sinus-Funktion addiert worden ist. Diese Operation führt zum Begriff der Frequenz-Modulation. Wir können damit ein allgemeines Verfahren einleiten. Zum Resultat einer bereits durchgeführten Verkettung wird eine andere Sinus-Funktion addiert. Das bedeutet, dass man also ganze „Bäume" von Verkettungen und Summationen bilden kann.

Nach diesen heuristischen Überlegungen wollen wir das Verfahren exakt beschreiben:

- $f(t) =$ Summe von Knotenfunktionen $f_i(t)$

- Eine Knotenfunktion ist von der Gestalt:

$$A \cdot \sin(2\pi \cdot Ft + Ph + \text{Summe von weiteren Knotenfunktionen})$$

wobei die Funktion, die an der Stelle „Summe..." steht, auch die Nullfunktion sein kann.

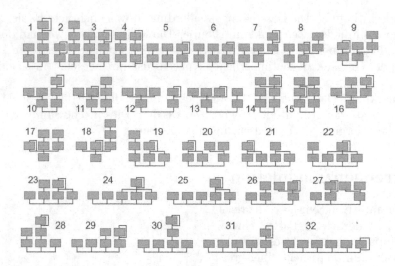

Abbildung 5.6: DX-Familie (Yamaha DX7 Synthesizer) von Algorithmen, deren Knoten-Träger Sinus-Funktionen sind

Die in einer Sinus-Funktion dabei auftretende „Summe von weiteren Knoten-funktionen" heisst der Modulator der Knotenfunktion, die Knoten-Sinus-Funktion selber der Träger der Knotenfunktion.

Dieses Verfahren bringt sehr schnell realistische Partialtonverteilungen in der resultierenden Funktion. Die legendäre DX-Familie der Yamaha-Synthesizer be-nutzt dieses Verfahren mit fünf Knotenfunktionen (siehe Bild 5.6). In Bild 5.7 sehen wir drei Exemplare von solchen „Algorithmen" (Terminologie von Yama-ha). Man kann hier sehen, dass durch Verschwindenlassen gewisser Modulatoren der linke Algorithmus in den rechten Algorithmus „entarten" kann. So lassen sich ganze Familien von Sounds hierarchisch ordnen. Man muss hier allerdings beto-nen, dass trotz dieser anschaulichen Verknüpfung von Klangfarben die Gesamtheit der Klangfarben weitgehend unverstanden ist, das heisst, es gibt keine vernünftige „Geographie der Klangfarben".

5.3 Wavelets

Sowohl die Fourier-, als auch FM-Darstellung sind grundsätzlich auf unendlich ausgedehnten periodischen trigonometrischen Funktionen aufgebaut und also als solche nicht realistisch.

Man hat deshalb auch begonnen, andere „Koordinatenräume" für Schwin-gungen zu untersuchen und anzuwenden. Wavelets sind eine ganz andere Art von Koordinatenfunktionen, wie wir in Bild 5.9 erkennen können. Das Bild zeigt einen Typus mit entsprechender komplexwertiger Formel

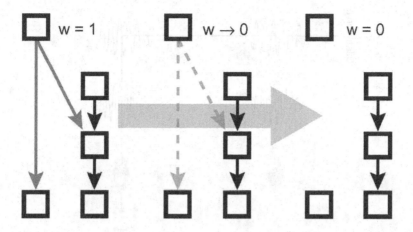

Abbildung 5.7: „Entartung" von Algorithmen

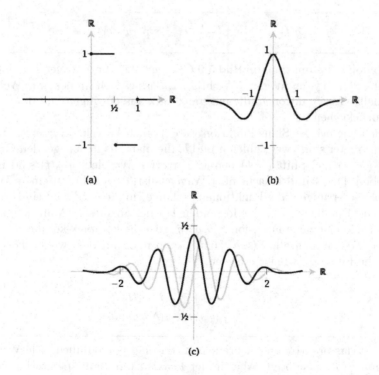

Abbildung 5.8: 4 Typen von Wavelets

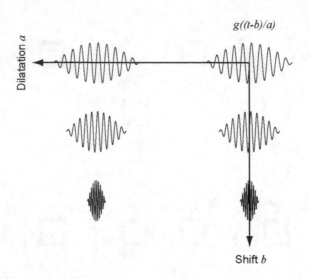

Abbildung 5.9: Ein Wavelet und seine Verzerrungen

$$g(t) = C \cdot \exp(-\tfrac{1}{2} \cdot t^2) \cdot \exp(iw \cdot t)$$

(exp die Exponentialfunktion, im Bild 5.9 C=1, w=20) von Wavelets, es sind aber viele verschiedene Typen möglich. Wichtig ist, dass es sich immer um „Wellenpakete" handelt, also Funktionen, die nur ganz kurz ausschwingen und dann wieder auf Null zurückgehen.

Ähnlich wie bei der Sinus-Funktion werden auch Wavelets verzerrt. Die Verzerrungsparameter sind zwei Zahlen a und b, die man aus naheliegenden Gründen Dilatation ($= a$) und Shift ($= b$) nennt. Verzerrte Wavelets $g_{a,b}(t)$ sind in Bild 5.9 angegeben. Die Grundtatsache über Wavelets ist, dass man mit einem Wavelet und seinen Verzerrungen alle Funktionen (solange sie nicht zu wild sind) darstellen kann. Die Details sind in der folgenden Formel abzulesen. Man definiert für jedes Paar (a, b) eine neue Funktion $S(b, a)$ ($\overline{g}_{a,b}$ ist die komplex-konjugierte Funktion zu $g_{a,b}$). Wenn man alle $S(b, a)$ kennt, kann man mit der zweiten Formel die ursprüngliche Funktion wieder erhalten.

$$S(b, a) = (\tfrac{1}{\sqrt{a}}) \int \overline{g}_{a,b}(t) \cdot s(t) dt$$
$$s(t) = Q_g \int g_{a,b}(t) \cdot S(b, a) da db$$

Allerdings ist das praktisch nicht brauchbar, da man ja unendlich viele Werte der Hilfsfunktion $S(b, a)$ benötigt. Aber in der Praxis kann man eine geschickte Auswahl von Werten (a, b) nehmen und aus den entsprechenden $S(b, a)$ die ursprüngliche Funktion sehr gut approximieren, in der Tat mit viel weniger Aufwand als

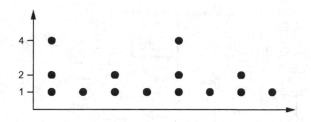

Abbildung 5.10: Gitter mit Auswahl von Werten

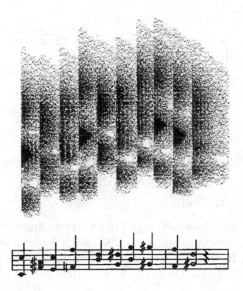

Abbildung 5.11: Darstellung einer musikalischen Passage mit Wavelet-Darstellung

mit der Fourier-Darstellung. Das Gitter in Bild 5.10 zeigt eine solche Auswahl.

Bild 5.11 zeigt die Darstellung einer musikalischen Passage mit Wavelet-Darstellung. Die Grauwerte sind proportional zu den Werten $S(b, a)$ für entsprechende Paare (a, b). Die schwarzen Stellen in der Graphik zeigen die Oktavintervalle in der Partitur. Wie die Fourier- und die FM-Darstellung, so ist auch die Wavelet-Darstellung schon in der Instrumententechnologie angewendet worden.

5.4 Physical Modeling

Das Physical Modeling ist eine radikal andere Vorgehensweise. Man geht ganz in die poietische Position: Das Instrument, welches die Töne produziert, wird als Software/Chip simuliert. Die resultierenden Töne werden dann abgegeben. Es gibt

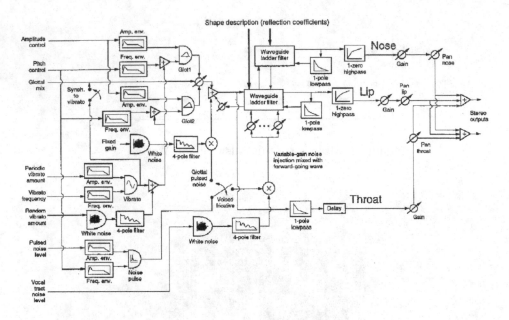

Abbildung 5.12: Das Singer Waveguide-System

dazu drei fundamentale Methoden:

- **Masse-Feder-Modelle (mass-spring)**: Hier werden ganz klassische dynamische Systeme von punktförmigen Massen, die durch Federn verbunden sind und die Physik eines Instrumentes simulieren, nachgerechnet. Beispiel: Chordis Anima (Institut ACROE, Grenoble, ICMC 1994).

- **Modal-Synthese**: Man modelliert verschiedene Sinus-Frequenz-Komponenten eines schwingenden Systems und ermittelt experimentell die Parameter, die einem realen Sound entsprechen. Beispiel: Modalys~Mosaic vom IRCAM (Institut Recherche Coordination Acoustique Musique) durch Jean-Marie Adrien.

- **Waveguide**: Fortpflanzung von Wellen in einem Medium, zum Beispiel Luftsäule in Blasinstrument oder Welle auf Saite. Diese Methode wird zum Beispiel am Stanford-basierten CCRMA (Center for Computer Research in Music and Acoustics) erforscht. Einer der prominentesten Vertreter dieses Physical Modeling ist Julius O. Smith. Es gibt zu dieser Methode auch schon kommerzielle Realisierungen in YAMAHA-Synthesizern.

Wie komplex ein solches Physical-Modeling-System sein kann, zeigt das von P. Cook gebaute Singer-System zur Simulation der menschlichen Stimme, siehe Bild 5.12. Das Singer-System benutzt die Waveguide-Methode. Wir erkennen aber auch darin wieder den aus N-Music stammenden Aufbau aus Einheitsgeneratoren.

Kapitel 6

Der FFT-Algorithmus

Übersicht. Nach der Übersicht im vorangehenden Kapitel werden wir nun die endliche Fourierzerlegung genauer anschauen und dazu einen schnellen Algorithmus, die Fast Fourier Transform FFT, diskutieren. Wir schliessen das Thema anschliessend im nächsten Kapitel mit der Diskussion einer populären Anwendung davon, dem MP3-Audioformat, ab.

Die detaillierte mathematische Diskussion der endlichen Fourier-Zerlegung kann in der Online-Version des Buches „Comprehensive Mathematics for Computer Scientists" respektive vom entsprechenden Modul „Fourier Theory and Wavelets" im Kurs „Core IT Mathematics" verfolgt werden.

$$- \Sigma -$$

6.1 Endliche Fourier-Zerlegung „revisited"

Um die mathematische Darstellung auf das Wesentliche zu reduzieren, werden wir hier die Periode T, während der das Signal N-mal in Sampleabständen Δ abgetastet wird, normieren zu $T = 1$, heisst, $\Delta = \frac{1}{N}$. Wir werden auch die Zeitgrenzen auf das Intervall von 0 bis 1 legen, so dass also die N Zeiten

$$\frac{0}{N}, \frac{1}{N}, \frac{2}{N}, \frac{3}{N}, \dots \frac{k}{N}, \frac{k+1}{N}, \dots \frac{N-1}{N}$$

abgetastet werden. Ferner wird hier die Fourier-Zerlegung mit der Eulerschen Formel für die Exponentialfunktion $e^{ix} = \cos(x) + i \cdot \sin(x)$ benutzt ($i = \sqrt{-1}$ die imaginäre Einheit). Man hat statt

$$f(t) = A_0 + \sum_{n=1,2,3,\dots} A_n \cdot \cos(2\pi \cdot nF \cdot t) + B_n \cdot \sin(2\pi \cdot nF \cdot t)$$

die Darstellung

$$f(t) = \sum_{n=\dots,-3,-2,-1,0,1,2,3,\dots} \gamma_n \cdot e^{i \cdot 2\pi \cdot nF \cdot t},$$

welche durch die Formeln

$$a_n = \gamma_n + \gamma_{-n} \text{ und } b_n = i(\gamma_n - \gamma_{-n})$$

korreliert sind. Der Ansatz in dieser Schreibweise, welcher der obigen Formel

$$f(r\Delta) =$$
$$a_0 + 2 \cdot \sum_{m=1,2,3,\ldots,n-1} a_m \cdot \cos(2\pi \cdot mF \cdot r\Delta) + b_m \cdot \sin(2\pi \cdot mF \cdot r\Delta) + a_n \cdot \cos(2\pi \cdot nF \cdot r\Delta)$$

entspricht, lautet mit $\Delta = \frac{1}{N}$ und $F = 1$ und den neuen laufenden Indices ($r \to k, m \to n, n \to \frac{N}{2}$)

$$f_k = f(\tfrac{k}{N}) = \sum_{n=0,1,2,3,\ldots N-1} \gamma_n \cdot e^{i \cdot 2\pi \cdot nF \cdot \frac{k}{N}}.$$

Bemerkung: Man beachte, dass die Formel $1 = e^{i \cdot 2\pi \cdot nF \cdot \frac{k}{N}} \cdot e^{i \cdot 2\pi \cdot nF \cdot \frac{N-k}{N}}$ gilt und deshalb $e^{i \cdot 2\pi \cdot nF \cdot \frac{N-k}{N}} = e^{i \cdot 2\pi \cdot nF \cdot \frac{-k}{N}}$ zeigt, dass die scheinbar nicht-negativen Indices in der Exponentialdarstellung in Wirklichkeit eine „symmetrische" Indizierung in positiven und negativen Werten verbirgt. Dies ist wesentlich, um zu verstehen, weshalb reelle Werte von a_n, b_n durch die Werte γ_n möglich sind.

6.2   Die Geometrie der endlichen Fourier-Zerlegung

Die obigen Funktionen $f = (f_0, f_1, f_k, \ldots f_{N-1})$, welche wir betrachten, bilden den komplexen Vektorraum $\mathbb{C}^{\mathbb{Z}_N}$, wobei $\mathbb{C} = $ komplexe Zahlen, $\mathbb{Z}_N = \{0, 1, 2, \ldots k, \ldots N-1\}$. Auf diesem Vektorraum wird eine Geometrie definiert durch die (sogenannt Hermitesche) Form

$$\langle g, h \rangle = \tfrac{1}{N} \cdot \sum_{k=1,2,3,\ldots N-1} g_k \cdot \overline{h_k} \;\; (\overline{h_k} = \text{komplex-konjugierte Zahl zu } h_k)$$

(das ist eine Verallgemeinerung der bekannten Euklidischen Geometrie) und die assoziierte Norm (Länge von Vektoren) $\|h\|^2 = \langle h, h \rangle = \tfrac{1}{N} \cdot \sum_{k=1,2,3,\ldots N-1} |h_k|^2$.

In dieser Geometrie sind die Exponentialfunktionen ausgezeichnet: Wir setzen $e_n(k) = e^{i \cdot 2\pi \cdot n \cdot \frac{k}{N}}$, dann ist $\langle e_m, e_l \rangle = 0$ für $m \neq l$ und $\langle e_m, e_m \rangle = 1$. Das heisst die N Basisfunktionen der Fourier-Zerlegung sind orthogonal und haben „Länge" 1. Ferner ist jede Funktion eine Linearkombination dieser Basisfunktionen:

$$f = \sum_{n=0,1,2,3,\ldots N-1} \gamma_n \cdot e_n,$$

wobei

$$\gamma_n = \langle f, e_n \rangle = \tfrac{1}{N} \cdot \sum_{k=0,1,2,3,\ldots N-1} f_k \cdot e^{i \cdot 2\pi \cdot n \cdot \frac{k}{N}},$$

und es gilt die Parseval-Gleichung:

$$\|f\|^2 = \sum_{n=0,1,2,3,\ldots N-1} |\gamma_n|^2$$

Ein Beispiel zu dieser Zerlegung findet sich in der Online-Version des Buches „Comprehensive Mathematics for Computer Scientists" [18] ($\Rightarrow$ Example 182).

Wir können nun den FFT-Algorithmus angehen. Dieser Algorithmus wurde in einem nur fünf Seiten langen Paper „An Algorithm for the Machine Calculation of Complex Fourier Series", durch James W. Cooley des IBM T.J. Watson Research Center und John W. Tukey von der Princeton University und den *AT&T* Bell Laboratories publiziert und gehört zu den meist zitierten Resultaten unserer Zeit.

Um diese Leistung zu verstehen, muss man zuerst ein Mass für die Berechnungskomplexität definieren. Es geht darum zu beschreiben, was die Anzahl von Rechenoperationen ist, welche nötig sind, um eine Berechnung einer Formel durchzuführen, die von einer Dimensionszahl n abhängt. Beispielsweise soll angegeben werden, wie viele Operationen nötig sind, um zwei n×n-Matrizen zu multiplizieren. Dabei geht es immer um die Frage, wie diese Zahl wächst, wenn in dieser Formel $n \to \infty$ geht.

Dies ist durch die sogenannten Landau-Symbole formalisiert: Man betrachtet zwei Folgen $c = (c_n)_n$ und $d = (d_n)_n$ von reellen Zahlen c_n, d_n mit natürlichen Indices $n = 0, 1, 2, 3, ...$ Dann heisst d von der Ordnung O von c, in Symbolen: $d \leq_O c$, falls es eine positive reelle Zahl λ gibt, so dass $d_n \leq \lambda c_n$ ist für hinreichend grosse Indices n. Diese Relation ist reflexiv und transitiv, aber nicht antisymmetrisch. Die Ordnung von c ist definiert als die Menge $O(c)$ aller d mit $d \leq_O c$. Die daraus abgeleitete Relation $c \sim d \Leftrightarrow d \leq_O c \,\&\, c \leq_O d$ ist eine Äquivalenzrelation, deren Klassen mit $\Theta(c)$ notiert werden und Wachstumsklassen heissen. Das heisst also

> $\Theta(c) = \Theta(d)$ genau dann, wenn es zwei positive reelle Zahlen λ, μ gibt mit $d_n \leq \lambda c_n$ und $c_n \leq \mu d_n$ für hinreichend grosse Indices n.

Die Ordnung vererbt sich offensichtlich auf die Wachstumsklassen. Man hat dann zum Beispiel $\Theta(256 \cdot n^2 + 50 \cdot n) < \Theta(n^3)$.

Übung 1. Zeige, dass $\Theta(n \cdot \log(n)) < \Theta(p(n))$ für jedes Polynom $p(n) = a \cdot n^2 + b \cdot n + c$ mit positivem höchstem Koeffizienten a.

6.3 Die Wachstumsklasse der endlichen Fourier-Zerlegung

Wie viele arithmetische Operationen sind nötig, um die Koeffizienten

$$\gamma_n = \langle f, e_n \rangle = \tfrac{1}{N} \cdot \sum_{n=0,1,2,3,...N-1} f_k \cdot e^{i \cdot 2\pi \cdot n \cdot \frac{k}{N}}$$

zu berechnen? Dazu nehmen wir an, dass die Quantitäten $f_0, f_1, ... f_{N-1}$ und der grundlegende Wert $e(N) = e^{i \cdot 2\pi \cdot n \cdot \frac{1}{N}}$ alle bekannt sind. Um die γ_n zu berechnen, braucht man maximal $N - 2$ Multiplikationen, um $e(N)^2, e(N)^3, ... e(N)^{N-1}$ zu berechnen. Und für jedes n braucht man N Multiplikationen, um die Werte $f_k \cdot e(N)^{kn}$ zu bekommen. Dann noch $N - 1$ Additionen und eine Multiplikation mit $\frac{1}{N}$. Das macht $q(N) = 2N^2 + N$ arithmetische Operationen, um alle γ_n zu berechnen. Der FFT-Algorithmus ermöglicht es, für spezielle Werte der

Form $N = 2^m$ die Wachstumsklasse $\Theta(q(N))$ auf $\Theta(N \cdot \log(N))$ zu reduzieren. Sei $Fourier(N)$ die Wachstumsklasse der minimalen Anzahl von arithmetischen Operationen (Addition, Multiplikation), um alle γ_n zu berechnen. Dann gilt $\Theta(Fourier(N)) \leq \Theta(N \cdot \log(N))$. Dieser wichtige Satz folgt sofort aus einem Hilfssatz:

$$Fourier(2N) \leq 2Fourier(N) + 8N$$

In der Tat ist dann induktiv:

$$Fourier(2N) \leq 2Fourier(N) + 8N \leq 2N \cdot \log(N) + 8N = 2N(\log(N) + 4) \leq$$
$$2N \cdot \log(2N).$$

Der Beweis der Formel $Fourier(2N) \leq 2Fourier(N)+8N$ ist der eigentliche FFT-Algorithmus. Wir führen in deshalb hier aus! Man hat also die $2N$ Koeffizienten γ_n von f zu berechnen.

Schritt 1: Unterteilung der Berechnung in zwei halb so grosse Berechnung der je N Koeffizienten von zwei Hilfsfunktionen f^+ und f^- mit

$$f_k^+ = f_{2k}, k = 0, 1, 2, ...N - 1$$
$$f_k^- = f_{2k+1}, k = 0, 1, 2, ...N - 1$$

Die Berechnung der Koeffizienten

$$\gamma_0^+, \gamma_1^+, ...\gamma_{N-1}^+ \text{ von } f^+ \text{ und}$$
$$\gamma_0^-, \gamma_1^-, ...\gamma_{N-1}^- \text{ von } f^-$$

hat die Wachstumsklasse $2 \cdot Fourier(N)$. Wenn man $\gamma_{k+N}^+ = \gamma_k^+$ und $\gamma_{k+N}^- = \gamma_k^-$ definiert, dann gilt offenbar

$$\gamma_k = \tfrac{1}{2} \cdot (\gamma_k^+ + e(N)^k \cdot \gamma_k^-), k = 0, 1, ...2N - 1$$

Also hat man für die Berechnung jedes γ_k drei Operationen: Zwei Multiplikationen und eine Addition, ferner für die Berechnung der Potenzen $e(N)^k$ maximal $2N$ Multiplikationen. Also insgesamt

$$3 \cdot 2N + 2N + 2 \cdot Fourier(N) = 2 \cdot Fourier(N) + 8N. \ QED.$$

Dieses Verfahren ist rekursiv, man berechnet immer die Hälfte der Koeffizienten, und von diesen auch zweimal die Hälfte, etc. Da wir annehmen, dass $N = 2^m$, kommt man so bis an den Anfang mit dem Verfahren.

Ein Beispiel zum FFT-Algorithmus findet sich in der Online-Version des Buches „Comprehensive Mathematics for Computer Scientists" [18] ($\Rightarrow$ Example 183).

Kapitel 7

Das MP3-Format

Übersicht. MP3 hat in den letzten Jahren in unserem Alltag stark an Bedeutung gewonnen. Die iPods von Apple und ähnliche Geräte werden zu Millionen verkauft und immer mehr Webseiten bieten Musik-Archive oder Song-Demos zum Download an. In diesem Kapitel werden wir uns einen Überblick über die Geschichte, den Aufbau, sowie rechtliche Aspekte des beliebten Formates verschaffen.

– Σ –

7.1 Zur Terminologie und Geschichte

MPEG (Moving Pictures Experts Group) Group ist der Codename für die Standardisierungsgruppe ISO/IEC JTC1/SC29/WG11 (Int. Standards Organization/Int. Electrotechnical Commission) und wurde 1988 ins Leben gerufen, um generische Standards für kodierte Darstellung von digitalen Video- und insbesondere Audio-Daten zu entwickeln.

MPEG-1 ist das Resultat der ersten Arbeitsphase der Gruppe und wurde 1992 als ISO/IEC IS 11172 verabschiedet. Es enthält Layer-1, Layer-2, Layer-3, das heisst, drei Operationmodes mit wachsender Komplexität. Unter MP3 versteht man den Layer-3 von MPEG-1.

MPEG-2 Advanced Audio Coding (AAC) ist das Resultat der zweiten Arbeitsphase. Es verbessert die Layer-3 in vielen Details. Wir diskutieren diese Variante hier nicht.

Die Entwicklung dieser komprimierten Audioformate geht auf die Arbeiten von Dieter Seitzer seit 1960, damals bei IBM, und seines Schülers Karlheinz Brandenburg, der vor allem für die psychoakustischen Kompressionsmethoden verantwortlich ist. Interessanterweise wurde Seitzers Patent 1977 noch abgelehnt, 1983 schliesslich doch noch erteilt, aber wegen Desinteresse der Industrie dann fallen gelassen. MP3 geht vor allem auf die Forschung und Entwicklung unter Karlheinz

Brandenburg am Fraunhofer Institut für Integrierte Schaltungen (IIS) in Erlangen zurück. Es ist ein offener Standard, wird aber durch zahlreiche Patente (≥ 13 US-Patente, ≥ 16 deutsche Patente) geschützt. Die rechtlichen Aspekte werden in Abschnitt 7.6 kurz angeschnitten.

MP3 schliesst Optionen ein wie

- Mono und Stereo, insbesondere Joint stereo encoding für effiziente kombinierte Kodierung der beiden Kanäle.

- Samplingfrequenzen schliessen 32 kHz, 44.1 kHz, 48 kHz ein, für MPEG-2 auch 16 kHz, 22.05 kHz, 24 kHz und für MPEG-2.5 (Fraunhofer-interne Erweiterung) auch 8 kHz, 11.05 kHz, 12 kHz.

- Die Bitrate der Kompression (also die Bits, welche pro Sekunde durch das komprimierte Audiofile laufen) ist von 32 kbits/s (MPEG-1) respektive 8 kbits/s (MPEG-2) bis 320 kbits/s. Die Bitrate kann für MP3 sogar von Frame zu Frame (das ist das Einheitspaket im Datenformat von MP3) variieren und erlaubt zusammen mit der sogenannten Bit-Reservoir-Technologie eine variable und fixe Bitrate.

Ein weiterer grosser Vorteil von MP3 neben der Kompression ist die Plattfomunabhängigkeit. Nicht zuletzt auch dieser Tatsache verdankt das Format seine heutige Popularität. Für weitere Details verweisen wir auf [30].

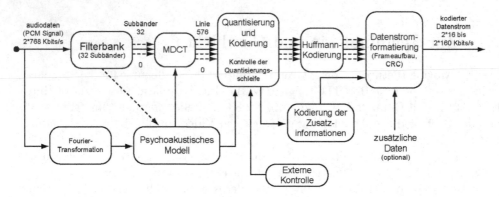

Abbildung 7.1: Die MP3-Kodierungskette nach Brandenburg

7.2   Die Kodierungskette

Bild 7.1 zeigt die Originalgraphik der Kodierungs-Kette in Brandenburgs Publikation. Die Kodierkette umfasst im wesentlichen fünf Komponenten:

1. Digitaler Audiostream

2. FFT mit Filterbank

3. Psychoakustisches Modell PAC

4. Quantisierung

5. Huffman-Kompression

Der Richtwert der Kompression durch diese Kette ist 1:12, obwohl die Kompression natürlich je nach Bedarf stark variiert werden kann. Diese Kette komprimiert verlustbehaftet (lossy), und zwar nicht im Huffman-Teil 5, sondern durch die PAC-Kompression 3 und die Quantisierung 4. Wir verzichten hier auf die Beschreibung der Dekodierkette, welche im wesentlichen zur Kodierkette symmetrisch verläuft.

7.2.1 FFT mit Filterbank

Zunächst beachte man zur FFT, dass selbstverständlich bei endlicher Fourier-Zerlegung die Zahl N der Zeit-Samples $f_0, f_1, ... f_{N-1}$ immer gleich gross ist wie die Zahl der Koeffizienten $\gamma_0, \gamma_1, ... \gamma_{N-1}$. Letztere bezeichnet man auch als Frequenz-Samples. Dies ist wichtig, wenn man die Kompression berechnet, da im Fall, wo beide Samples mit derselben Bit-Auflösung (16 bit in unserem Fall) gesetzt werden, der Input Zeit-Samples, der Output für die Kompression aber Frequenz-Samples meint. Da die Zahlen aber übereinstimmen, lassen sich diese beiden Sample-Typen für diesen Zweck identifizieren.

Die Filterbank für Layer-3 ist eine „hybride" Filterbank. Es werden für ein gegebenes Zeitfenster (rund 1/40 Sekunde) in einer ersten Stufe eine „polyphase" Filterbank zu 32 Frequenzbändern erstellt. Diese sind auch schon in Layer-1 und Layer-2 vorhanden und alle von der Breite von 625 Hz (das heisst insgesamt eine Frequenzbreite von 0-20 kHz). Bei Layer-3 dann sind die Bänder von variabler Breite und es wird jedes der 32 Bänder noch in 18 Subbänder unterteilt. Die Bänder sind am schmalsten in dem für das menschliche Ohr sensibelsten Bereich zwischen 2 und 4 kHz. Die zusätzliche Fourieranalyse dazu heisst MDCT (=Modified Discrete Cosine Transformation), sie ist eine Variante der endlichen (diskreten) Fourier-Zerlegung, benutzt nur Cosinusfunktionen. Sie hat den Vorteil, gewisse Artefakte der Überlappung von Subbändern aufzufangen (wir gehen darauf nicht ein).

7.2.2 Das Perceptual-Audio-Coding-Modell (PAC)

Das PAC ist das Herzstück von MP3. Es setzt dort ein, wo die rein mathematischen Analysen nicht greifen, nämlich in der psycho-physiologischen Wahrnehmung von Klängen. Das PAC-Modell geht davon aus, dass drei Beschränkungen im Hörvermögen des Menschen zwischen den bekannten Grenzen von 16 Hz bis 20 kHz existieren:

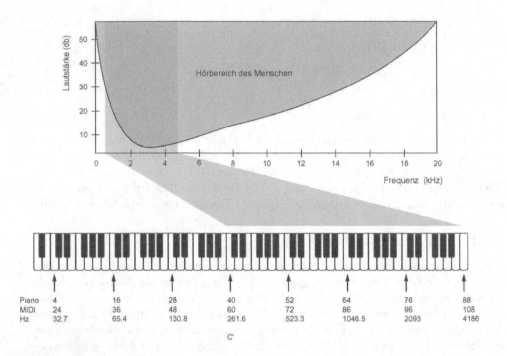

Abbildung 7.2: Hörschwellenkurve des Menschen als Funktion der Frequenz, darunter zum Vergleich eine Klaviertastatur

PAC 1: Schwellenwerte im Hörbereich des Menschen

Sinustöne einer bestimmten Frequenz F Hz werden vom Menschen nur über einer minimalen Lautstärke $S(F)$ dB gehört. Die Kurve der Hörschwellen ist in Bild 7.2 ersichtlich. Man erkennt darin die maximale Sensibilität im Bereich zwischen 2 und 4 kHz, darunter ist zum Vergleich eine Klaviertastatur angezeigt. Unterhalb der Hörschwellenkurve wird ein Sinuston nicht gehört. Wenn man also in der Fourier-Zerlegung Sinuskomponenten unterhalb der Schwelle erhält, können diese weggelassen werden. Von den 65'536 Werten der 16-bit-Darstellung der Teiltonamplituden müssen also viele Werte erst gar nicht gespeichert werden. Maskierung beschreibt die Überdeckung zweier Signale und das Unvermögen des menschlichen Gehörs, sie zu erkennen oder zu unterscheiden. Es gibt zwei Arten von Masking: Maskierung im Frequenzbereich (auditory masking), auch simultanes Masking genannt, und Maskierung im Zeitbereich (temporary masking). Je nach Kompression kann die Grenze zu Lasten der Qualität beziehungsweise zu Gunsten der Speicherung auch verschoben werden.

PAC 2: Maskierung im Frequenzbereich - auditory masking

Im Frequenzbereich existiert ein Maskierungseffekt, bei dem für das Auftreten ei-

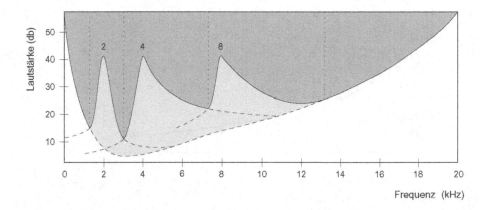

Abbildung 7.3: Maskierung im Frequenzbereich

ner Komponente einer bestimmten Frequenz andere benachbarte Komponenten
nicht hörbar sind, wenn sie unter die Maskierungskurve dieser Frequenz fallen.
Das heisst, dass bei zwei Tönen ähnlicher Frequenz der mit der geringeren Amplitude nicht wahrgenommen wird, weshalb man ihn „herausschneiden" kann. Bild
7.3 zeigt für drei Frequenzen 2,4,8 kHz und eine Lautstärke von 40 dB die entsprechenden Maskierungen. Dadurch kann man alles, was unterhalb dieser Kurven liegt, weglassen. Man muss nun entsprechende Schlüsselfrequenzen und deren
Überdeckungskurven auswählen, welche für ein gegebenes Spektrum über andere
„dominieren".

PAC 3: Maskierung im Zeitbereich - temporary masking

Nach einem Signal einer bestimmten Lautstärke ist das Hörsystem nicht sofort imstand, andere Signale zu verarbeiten, deren Lautstärke kleiner ist als die gegebene.
Das System muss sich erst „erholen". Die Sensibilität als Funktion der Zeit nach
dem Anfangssignal ist in Bild 7.4 angegeben. Zum Beispiel wird also nach 5 ms ein
anderes Signal mindestens 40 dB haben müssen, um wahrgenommen zu werden.
Eine Erholungszeit (recovery time) zwischen 5 und 20 ms ist ein guter Richtwert.
Noch dramatischer ist die Tatsache, dass auch kurz vor einem lauten Ton andere
leisere Töne nicht mehr wahrgenommen werden. Dies ist so, weil auch der Aufbau
der Wahrnehmung eines Signal eine gewisse Zeit beansprucht. Die Bezeichnungen
dafür sind Premasking beziehungsweise Postmasking.

> Insgesamt wird durch die Kompression, welche diese drei Effekte
> ermöglichen, 60% der finalen Kompression geleistet.

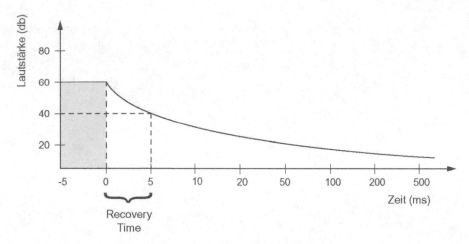

Abbildung 7.4: Zeitliche Maskierung durch Erholungszeit nach einem 60 dB Signal

7.2.3 Quantisierung und Huffman-Kodierung

Nach der Kompression durch die hörpsychologischen und und hörphysiologischen Methoden wird der Datenstrom noch quantisiert und Huffman-komprimiert. Wir wollen das hier nicht im Detail ansprechen, weil es nicht der Punkt dieses Verfahrens ist.

Für die Quantisierung wird unter anderem Bitallokation durchgeführt, was heisst, dass beispielsweise bei der 16-Bitdarstellung 1101'1100'1011'**0101** die kleinsten fünf Bits annulliert werden, also 1101'1100'1010'**0000** entsteht. Man behält dann davon die elf nicht korrigierten Bits 1101'1100'101 und die Verschiebung (Skalierug) um 5 Bits.

Bevor die Huffman-Kodierung angewendet wird, lässt das Verfahren noch eine (verlustfreie) Lauflängenkodierung operieren, wobei bekanntlich die Wiederholung von Zeichen durch das einmalige Auflisten der Zeichen plus die Notation der Wiederholungsrate ersetzt wird. Auch die nachfolgende Huffman-Kompression ist verlustfrei und kodiert die häufigsten Frequenzen durch kürzeste und die seltensten Frequenzen mit den längsten Bitsequenzen nach dem bekannten Verfahren der Huffman-Bäume (siehe Bild 7.5). Dabei kann die Dateigrösse nochmals um ca. 20% verringert werden.

7.3 Das Datenformat

Das Datenformat, sowohl für die Streaming-Repräsentation, als auch für die Speicherung von MP3-Daten, besteht aus einer Reihung von Frames. Frames sind Informationseinheiten, die neben den reinen Audiodaten auch Hilfsdaten enthal-

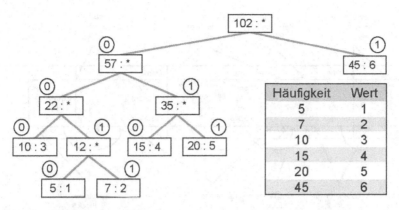

Abbildung 7.5: Eine lange Bitfolge kennzeichnet einen selten auftretenden Wert, häufige Werte sind durch eine kurze Bitfolge dargestellt.

ten und so das Frame als praktisch autonome Informationsquantität gestalten. Das heisst, dass die Kodierungsdaten pro Frame mitgeliefert werden, damit das Abspielen einer MP3-Datei auch mitten im Musikstück beginnen kann. Ein Frame dauert rund eine 40stel Sekunde, so dass also diese Frame-Zerlegung für den Menschen praktisch nahtloses Abspielen ermöglicht. Bild 7.6 zeigt eine Framesequenz. Ein Frame hat

- einen 32-Bit langen Header, welcher unter anderem die Layer-Nummer (1-3), die Bitrate und die Abtastfrequenz enthält;

- den Cyclic Redundancy Check (CRC) mit entweder 0 oder 16 Bits für Fehlerentdeckung (Prüfsummencheck), allerdings ohne Korrekturmöglichkeit, aber evtl. Framerepetition bis ein intaktes Frame kommt;

- 12-Bit für Zusatzinfos für Huffman-Bäume und Bitallokation-Skalierung

- Hauptdaten-Sampleblock zu 3344 Bits für die Huffman-kodierten Frequenzsampledaten.

Der Header eines Frames ist folgendermassen aufgebaut (Siehe Bild 7.7):
Den Anfang jedes MP3-Frames kennzeichnet ein 32 Bit langer Header, der mit einem 11 Bit SYNC-Block beginnt. Dieser „sync block" ist wichtig, um beispielsweise Daten am Anfang zu ignorieren, oder während der Wiedergabe in der Aufnahme vor- beziehungsweise zurückspringen zu können. Dabei ist zu beachten, dass nur jeweils ein ganzes Frame abgespielt werden kann. Auch bei Streaminganwendungen ist es nötig, aufgrund von auftretendem Packetloss, resynchronisieren zu können.

In der folgenden Tabelle sind die einzelnen Header-Abschnitte genannt und mit ihrer Bitlänge angegeben:

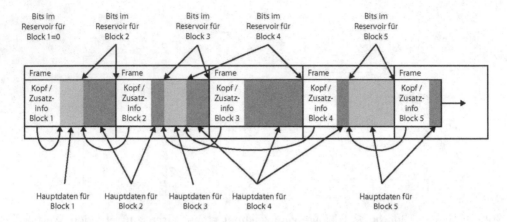

Abbildung 7.6: Ausschnitt aus der Frame-Sequenz des MP3-Datenformats

Abbildung 7.7: 32 Bit langer Header jedes MP3-Frames

Position	Aufgabe	Länge in Bit
A	Frame-SYNC	11
B	MPEG Audioversion (MPEG-1, 2, etc.)	2
C	MPEG Layer (Layer I, II, III, etc.)	2
D	Protection (wenn aktiv: Checksumme nach Header)	1
E	Bitrate-Index	4
F	Frequenz der Samplingrate (z. B. 44.1kHz)	2
G	Padding Bit (kompensiert unvollständige Belegung)	1
H	Private Bit (Applikations-spezifische Trigger)	1
I	Channelmode (Stereo, Joint-Stereo)	2
J	Mode-Extension (bei Verwendung von Joint Stereo)	2
K	Copyright	1
L	Original („0" wenn Kopie, „1" wenn Orignial)	1
M	Emphasis (veraltet)	2

Manchmal kann es vorkommen, dass die Menge der Daten aufgrund ihrer Komplexität nicht in einem Frame untergebracht werden kann. Für diesen Fall erlaubt das MP3-Format die sogenannte Bit-Reservoir-Technologie, die als eine Art „overflow buffer" fungiert. Normalerweise ist dieses Reservoir kein getrennter

Bereich in einem MP3, sondern freier Speicherplatz, der in anderen Frames nicht
verwendet wird (siehe Abbildung 7.6). Mehr dazu später.

Am Anfang oder am Ende der gesamten MP3-Datei ist ein 128-Byte-Identifikator
ein „ID3-Tag" angefügt, der zwar kein offizieller Standard, aber für viele Infos über
Musik wesentlich ist. Hier seine Aufgliederung:

Bytes	Inhalt
3	Tag = Kennung des ID3-Tags
30	Titel des Stücks
30	Name Interpret
30	Name Album
4	Jahr Publikation
30	Kommentar
1	Genre-Kennung

Es gibt zwei Versionen von ID3-Tags: ID3v1 und ID3v2. In der älteren ID3v1 Version befindet sich der Tag am Ende, da angenommen wurde, dass einige Player
Probleme haben könnten, wenn sich der Tag am Anfang der Datei befindet. Erst
in Version ID3v2 wird der Tag am Anfang des MP3 Files gestellt, da dies beispielsweise bei Streaming-Applikationen ermöglicht, den Titel anzuzeigen. Einige Player
können bereits diese ID3 Tags während des Streams verwerten, daher werden Informationen zum Beispiel bei einer Radiopräsentation immer aktuell gehalten.

Die Grösse von 3.344 kbit/(Hauptdatenblock eines)Frame kommt so zustande:

1. Man geht aus von 44'100 16-bit-Zeitsamples/sec

2. Man verlangt eine Datenrate von 128 kbit/sec

3. Man erlaubt 1'152 16-bit-Frequenzsamples/(Hauptdatenblock eines)Frame

Da die Sample-Zahlen für Zeit- und Frequenzsamples gleich sein müssen, erhalten
wir die Gleichung

$$38.28125 \text{ Frame/sec} = \frac{44'100(\text{Zeit-})\text{Sample/sec}}{1'152(\text{Frequenz-})\text{Sample/Frame}} = \frac{128\text{kbit/sec}}{3.344\text{kbit/Frame}}$$

Dabei kommt die Zahl 1'152 Sample/Frame so zustand: In der Kodierung der
18 Subbänder der 32 polyphasen Bänder werden jeweils unter Berücksichtigung
der Skalierungszahlen 3 x 12 Subbänder pro Frame erstellt, so dass also 32 x
36 = 1152 Samples, welche im Frequenzraum die Dauer von 1/38.28125 sec der
zeitlichen Abtastung repräsentieren.

Diese Richtzahlen gelten natürlich nicht für jedes Frame, da unter Umständen
für die kodierte Audio-Information zu einem Frame mehr oder auch weniger Bits
nötig sind. Deshalb wird die Bit-Reservoir-Technik angewendet, die darin besteht,
von den 3.344 kbit übriggebliebene Bits den nachfolgenden Frames zur Verfügung
zu stellen.

Üblicherweise wird mit konstanter Bitrate gearbeitet, da diese weniger Anforderungen an die Decoder stellte. Der Vorteil von variabler Bitrate ist jedoch, dass die Qualität beziehungsweise die Stärke der Kompression für eine bestimmte Stelle variiert werden kann. So kann ein musikalisch einfacher Ausschnitt stärker komprimiert werden als ein komplexerer.

7.4 Stereo-Kodierung

Layer-3 implementiert das Kompressionsverfahren Joint Stereo Coding Methods. Dies beruht auf einer Kombination von zwei Prinzipien:

- dem Midi/Side Stereo Coding (MSSC), wobei man statt der Kanal-Paare (L, R) die gleichwertigen Paare (L+R, L-R) nimmt und dabei ausnutzt, dass die Kanäle L, R meist stark korreliert sind, also nicht zufällige unabhängige Signale beinhalten, und

- dem Intensity Stereo Coding (ISC), wird die Summe L+R und die Richtung, woher das Signal herkommt, kodiert.

Der *Joint Stereo Effect* nutzt die Eigenschaft des menschlichen Ohres aus, dass es tiefe Töne nur schwer lokalisieren kann. Das kommt daher, dass das menschliche Gehör Geräuschquellen aufgrund des Abstandes der Ohren erkennt. Trifft ein Signal an einem Ohr früher ein, so ist dies die Richtung aus der das Signal kommt. Ist nun die Wellenlänge sehr gross, wie es bei tiefen Frequenzen der Fall ist, so kann die Richtung nicht eindeutig bestimmt werden. Diese Eigenschaft wird beim Joint Stereo Effect ausgenutzt. Tiefe Töne werden nicht Stereo, sondern Mono kodiert, wodurch eine geringere Bitrate benötigt wird. Natürlich wird die Soundqualität trotzdem leicht schlechter, deshalb sollte dieser Effekt nur angewandt werden, wenn es notwendig ist, die Filegrösse auf einem Minimum zu halten.

7.5 Performance

MPEG-Verfahren	Kompressions-rate	Musik-qualität	Bitrate kbit/sec	Bandbreite kHz	Modus
MPEG-1 Layer-3	14:1 - 12:1	CD	128	> 15	Stereo
MPEG-1 Layer-3	16:1	Annähernd CD	96-112	15	Stereo
MPEG-2 Layer-3	16:1-24:1	Radioqualität	56-64	11	Stereo
MPEG-2 Layer-3	24:1	Sprache	32	7.5	Mono
MPEG-2 Layer-3	48:1	Kurzwellenradio	16	4.5	Mono
MPEG-2.5 Layer-3	96:1	Telefon	8	2.5	Mono

7.6 Rechtliche Aspekte

Zu den Details dieser Aspekte verweisen wir auf die Quellen und Informationen in der schon erwähnten Diplomarbeit „Das neue Audiospeicherformat MP3" von Pascal Schriber [30].

Die Lizenzierungsrechte des Fraunhofer IIS werden von der Firma Thomson Multimedia vertreten. Fraunhofer verlangt an Lizenzen gegenwärtig

> 0.5 USD pro Decoder
> 5.- USD pro Encoder
> 15'000.- USD jährlichen Pauschalbeitrag.

Das heisst, dass ein Unternehmen, das mit einer Total-Auflage von 25'000 Stück Encoder-Software verkauft, im ersten Jahr 25'000 x 5 + 15'000.- = 140'000.- USD und nachfolgend 15'000.- jährlich an MP3-Lizenzen bezahlen muss.

Kapitel 8

Die mathematische Darstellungssprache der Denotatoren und Formen für musikalische Objekte

Übersicht. Gestützt auf die Erkenntnisse von Auroux sehen wir uns in diesem Kapitel den Aufbau einer Musikenzyklopädie an. Dabei kommen wir fast automatisch auf die Denotatoren, ihren Aufbau und ihre zusammengesetzten Formen zu sprechen. Damit schliessen wir den ersten Teil der Theorien ab.

$$- \Sigma -$$

Bis hierher haben wir verschiedene Ebenen der musikalischen Realität und ihren Repräsentationen kennengelernt. Es ist klar geworden, dass man eine grosse Breite an Objekt-Typen hat, der man mit engen Formaten nicht beikommt. Um eine mehr grundsätzliche Diskussion des Problems der Darstellung von Musikobjekten zu erhalten, muss man den allgemeinen Zweck, nämlich die enzyklopädische Repertoirisierung des Inventars an Musikobjekten, vor Augen haben.

Wir wollen zu diesem Zweck die Hintergründe für eine Musikenzyklopädie betrachten. Dazu eine Referenz zur wohl am besten konzipierten Enzyklopädie, der

> Encyclopédie, ou dictionnaire raisonné des sciences, des arts et des métiers

des Mathematikers Jean Le Rond d'Alembert und des Schriftstellers Denis Diderot, siehe Bild 8.1. Sie wurde 1751-1780 in insgesamt 35 Bänden hergestellt und bezeugt eines der am besten durchdachten enzyklopädischen Projekte überhaupt.

Abbildung 8.1: Jean Le Rond d'Alembert (l), Denis Diderot (m) und Encyclopédie (r)

Die Encyclopédie ist ein Werk, das zusammen mit dem umfassenden Stoff ein Orientierungs- und Navigationsprinzip realisiert, das auch für unsere Internet-Probleme lehrreich ist. Bild 8.3 zeigt das Tableau figuré der Encyclopédie, eine Geographie des Wissens, welche den Ideen von Francis Bacon nachempfunden ist.

Auf dieser Geographie sind nicht nur viele lokal-globale Bereiche wie Kontinente zu erkennen, es ist auch ein „Verkehrsstrassen-Netz" der Navigation durch das Wissen thematisiert. Sylvain Auroux hat die Semiotik der Encyclopédie ausführlich untersucht [2] und diese Gewaltsleistung der Ordnung menschlichen Wissens und Könnens nach folgenden drei Charakteristika beschrieben: Vollständigkeit, Einheit und Diskursivität (siehe Bild 8.2).

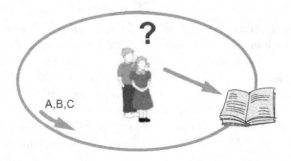

Abbildung 8.2: Charakteristika gemäss Auroux

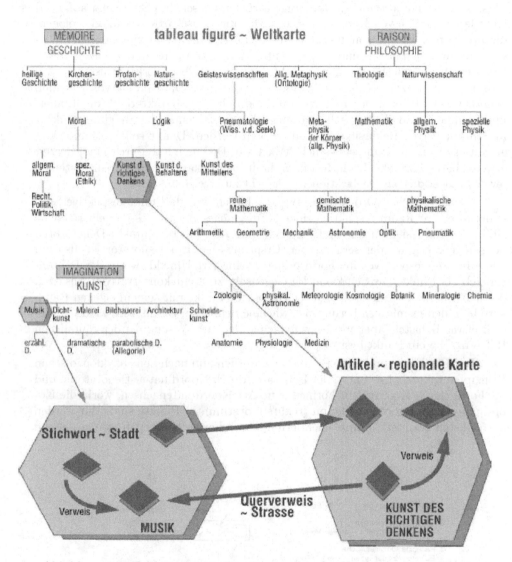

Abbildung 8.3: Tableau figuré: Die Geographie der Navigation im Wissen

8.1   Ein enzyklopädisches Format für Musikobjekte

Wir haben diese Erkenntnisse im Rahmen der enzyklopädischen Beschreibung von Musikwissen und dessen Objekten umgesetzt. Dies geschah nicht zuletzt aufgrund einer langen Reihe von Diskussionen mit Musikwissenschaftlern und -ethnologen, die uns immer wieder klar machten, dass eine Enzyklopädie musikalischen Wissens und der damit verbundenen Begriffsbäume eine offene und jederzeit durch jede Person veränderbare sein müsse. Wir haben deshalb die Erkenntnisse von Auroux über die Enzyklopädie wie in Bild 8.4 umgesetzt: Die Bildung von Begriffen gehorcht dem Prinzip der Rekursivität, wodurch die Charakteristik der Einheit übernommen wird. Ferner soll eine möglichst umfassende Verzweigungsstruktur in den rekursiven Rekursionsmodi angeboten werden. Damit soll Vollständigkeit garantiert werden. Und schliesslich haben wir Diskursivität durch ein jederzeit erweiterbares Format, also nicht durch die in den bekannten Datenbanksystemen jeweils fest kodierten Deklarationen, versucht zu erreichen.

Die eigentlichen Objekte des Wissens haben wir als Punkt respektive Substanz in einem Raum respektive einer Form gemäss Aristoteles modelliert (siehe Bild 8.5). Man sieht in dieser Übersicht, dass die Substanzpunkte Denotatoren heissen, ein Begriff, der semiotischen Ursprungs ist. Ein Denotator ist also auf einen Raum, respektive eine Form bezogen, eine Art Umfeld, worin der Denotator sich als Punkt bewegen kann. Im Gegensatz zu mehr konservativen Ansätzen der Datenbank-Theorie ist hier jeder Denotator-Punkt mit seinem eigenen Raum versehen, den er mit sich herumträgt wie eine Schnecke. Damit wird zwar der Begriff etwas belastet, aber man gewinnt eine absolute Autonomie der räumlichen Referenz, die ein Punkt besitzt.

Der Denotator und seine Raum-Form werden nun nach den enzyklopädischen Prinzipien rekursiv bestimmt, der Denotator durch Koordinaten-Denotatoren und die Form durch Koordinator-Formen, eine Art Koordinatenachsen, worin die Koordinaten-Denotatoren wiederum (rekursiv bestimmte) Punkte sind. Wir werden im nächsten Kapitel die Implementierungs- und Formalisierungsfragen zu diesem

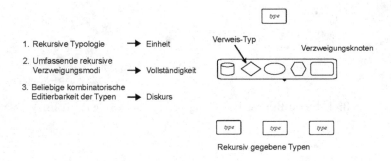

Abbildung 8.4: Prinzipien für Typologie universeller Datenformate

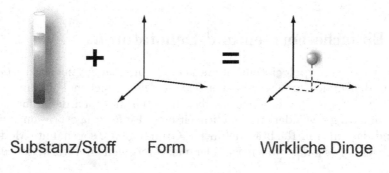

Substanz/Stoff   Form   Wirkliche Dinge

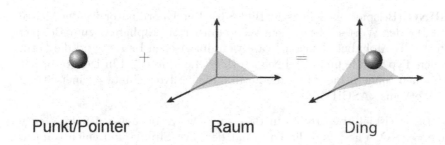

Punkt/Pointer   Raum   Ding

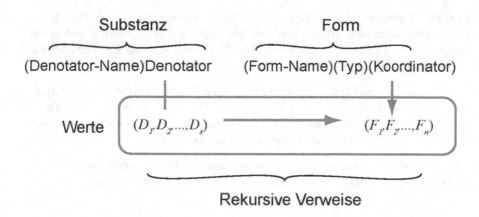

Abbildung 8.5: Übersicht zum Denotator-Formalismus

Formalismus genauer diskutieren. Hier geben wir erst mal einen systematischen Überblick.

8.2   Einfache Formen und Denotatoren

Wir wollen diese Typologie nun etwas genauer anschauen, zuerst die Grundtypen, aus denen sich andere aufbauen lassen: Die einfachen Formen und deren Denotatoren. Es sei vorausgeschickt, dass diese Grundtypen der Informatik und Programmierung sowie der Anschaulichkeit einer Einführungsvorlesung angepasst sind, und dass man in Realität viel mehr „Grundtypen", sogenannte Moduln, benutzen muss. Aber das wollen wir hier nicht vertiefen und verweisen dazu auf [19].

Man bezieht sich auf vier Grundtypen von Formen, sogenannte einfache oder simple Formen. Hier sind sie:

- **STRING** (Beispiel oben links in Bild 8.6): Der Koordinator ist die Menge <ASCII> der Wörter über einem standardisierten Alphabet, zum Beispiel dem ASCII-Alphabet (Unicode wäre wohl inzwischen besser) und die Form hat den Typ Simple und einen Namen (hier „Loudness"). Ein Denotator hat auch einen Namen (hier „L"), die Form und eine Koordinate = einen String (ein Wort aus <ASCII>).

- **BOOLE** (Beispiel oben rechts in Bild 8.6): Der Koordinator ist die Menge Boole = {NO, YES} und die Form hat den Typ Simple und einen Namen, hier beispielsweise „Hi-Hat-State". Ein Denotator hat einen Namen („HiHat-Open"), die Form und eine Koordinate ist entweder NO oder YES.

- **FLOAT** (Beispiel unten links in Bild 8.6): Der Koordinator ist die Menge $\mathbb{R}$ der Dezimalzahlen (reelle Zahlen), die Form hat Typ Simple und einen Namen, hier „Onset" = Einsatzzeit. Ein Denotator hat als Koordinate eine Dezimalzahl und hier den Namen „E".

- **INTEGER** (Beispiel unten rechts in Bild 8.6): Der Koordinator ist die Menge $\mathbb{Z}$ der ganzen Zahlen (...,-3, -2, -1, 0, 1, 2, 3, ...). Die Form hat einen Namen („Pitch" = Tonhöhe), der Typ ist Simple. Unser Koordinator trägt den Namen „H" und hat als Koordinate eine ganze Zahl.

Dieses Verzeichnis von Grundtypen ist gewissermassen die letztendliche Substanz, aus welcher sich die anderen Konstruktionen in der Regel ableiten lassen.

8.3   Zusammengesetzte Formen und Denotatoren

Die rekursive Konstruktion beruht auf vier Verzweigungstypen, wie sie in Bild 8.7 mit Beispielen dargestellt sind.

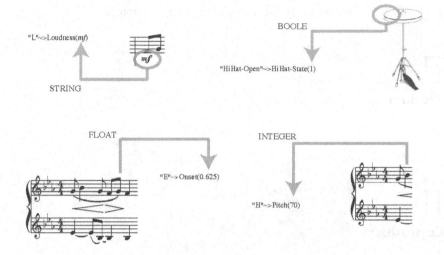

Abbildung 8.6: Simple Denotators

- **Product**: Der Koordinator ist eine Folge $(F_1, ... F_n)$ von Formen. Die Form hat einen Namen, wie hier zum Beispiel „Piano-Note". Ein Denotator D ist eine Folge $(D_1, ..., D_n)$ von gleich vielen Denotatoren, jedes D_i jeweils in der entsprechenden Form F_i ein Denotator. Dies ist die typische Situation der Konjunktion: Man braucht nur alle Attribute aufzuzählen, um das Produkt-Attribut zu beschreiben. Die Koordinator-Formen spielen die Rolle von Achsen in einem mehrdimensionalen Raum der klassischen Geometrie.

- **Coproduct**: Auch hier ist der Koordinator eine Folge $(F_1, ... F_n)$ von Formen. Die Form hat einen Namen, hier „Orchester-Note", und ein Denotator ist ein Denotator D_i aus einer der n möglichen Formen F_i. Diese Situation ist mit Disjunktion verwandt: Man muss entweder aus F_1 oder aus F_2 etc. einen Denotator wählen. Dies ist die Bibliotheks-Situation: Wähle aus einem der n Bücher ein Stichwort.

- **Powerset**: Der Koordinator ist eine einzige Form F. Die Form hat einen Namen, zum Beispiel „Motiv". Ein Denotator besteht aus einer Menge von Denotatoren der Form F. Dies ist die Situation der Selektion, man nimmt aus einem Arsenal von Dingen eine Auswahl in einen Behälter auf.

- **Synonym**: Der Koordinator ist eine einzige Form F. Die Form hat einen Namen, zum Beispiel „nota di pianoforte" für $F =$ „Piano-Note". Ein Denotator ist ein Denotator von F. Es ist also im Prinzip die Neubenennung von F. Theoretisch könnte man auf diesen Typ verzichten, da er dem Produkt mit $n = 1$ entspricht. Wir fügen ihn nur an, weil er häufig auftritt.

Die vier Verweis-Typen (Compound Denotators)

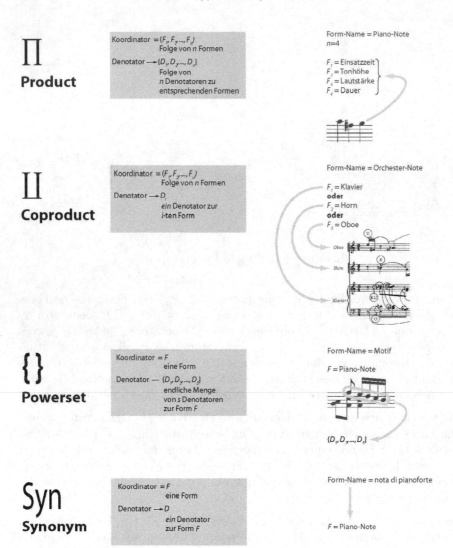

Abbildung 8.7: Compound Denotators

8.4   Beispiele

Wir geben als Übung zwei Beispiele von Formen und Denotatoren in graphischer
Darstellung an. Man gehe die Beispiele Punkt für Punkt durch und überlege sich,
wie die hier gegebenen Formen/Denotatoren zu den uns schon bekannten Objekten
(Noten, FM-Sounds) in Beziehung stehen.

In Bild 8.8 sehen wir als erstes Beispiel eine Piano-Note.

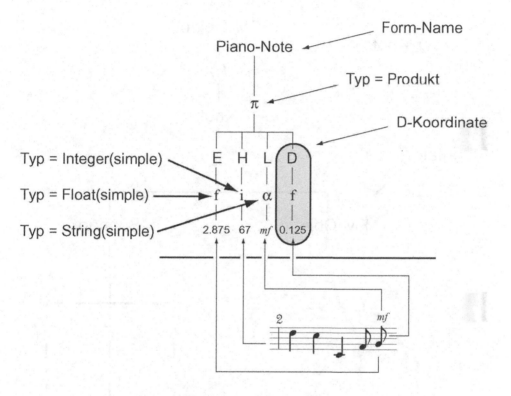

Abbildung 8.8: Piano-Note

Das zweite Beispiel ist eine zirkuläre Form, welche die Struktur eines FM-Sounds
einfängt.

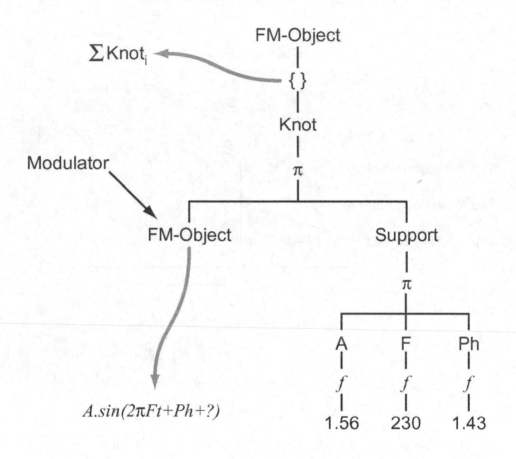

Abbildung 8.9: Zirkuläre Denotator-Definition: FM-Object

Teil II

Technologien

Kapitel 9

Denotatoren für die Plattform RUBATO

Übersicht. Datenbanken und Musik haben mehr gemeinsam, als man ahnen könnte. Das werden wir in folgenden Seiten entdecken. Dabei werden wir das interessante MuseData-Projekt und das denoteX-Format kennenlernen. Weiter werden wir die Formen und Denotatoren in den Kontext mit der Software-Plattform RUBATO stellen.

$$- \Sigma -$$

9.1 Datenbanken und Musik

Es besteht eine offensichtliche Beziehung zwischen Formen/Denotatoren und den Datenmodellen der Datenbank-Theorie. Wir wollen das hier kurz streifen um zu sehen, wie eng die Themenkreise verwandt sind. Es geht uns aber auch darum zu zeigen, was man überhaupt unter „Datenbank" (=DB) zu verstehen hat. Dieser Begriff kommt ja überall vor heute.

> Man kann Forschung ohne (eigene oder fremde) Datenbanken nicht mehr ausüben. Es ist für angehende MusikwissenschaftlerInnen am Anfang des 21. Jahrhunderts unverzichtbar, Datenformate von informationstechnologischen Datenbanksystemen lesen zu können. Dies gilt uneingeschränkt für alle Bereiche, insbesondere aber auch für die historische und ethnologische Arbeit, welche ja beide massiv auf virtuosem Quellen-Surfen basieren (sollten).

Bemerkung für Philosophen

Es geht uns aber auch darum zu zeigen, dass sogenannte universelle Konstruktionen aus der modernen Mathematik (wie etwa Produkte, Coprodukte, Potenz-

Buch	InvNr	ErstAutor	WeitereAut	Titel
	123	Date	n	Intro DBS
	234	Jones	y	Algorithmus
	345	King	n	Operating Sys.

Leser	LesNr	Name
	225	Peter
	347	Laura

Ausleihe	InvNr	LesNr	Rückdat
	123	225	22-04-91
	234	347	31-07-91

Abbildung 9.1: Relationale Datenbank mit Büchern, Lesern und Ausleihen. (Aus: G. Vossen: „Datenmodelle, Datenbanksprachen und Datenbank-Management-Systeme" [35])

objekte) der Datenbank-Theorie Pate stehen, und dass eventuell eine Einbindung dieser Perspektive in die DB-Theorie nützlich wäre. Ich möchte dabei betonen, dass die hier vorgestellten Begriffe ganz harmlose, aber „typische" Spezialfälle einer mathematisch viel anspruchsvolleren Theorie der Formen sind, welche auf der mathematischen Theorie der Kategorien und der Moduln aufbaut [19]. Sie hat in den letzten Jahren zu vereinheitlichten Theorien der Logik und Geometrie geführt, die den Namen Topos-Theorie trägt. Sie wird in der modernen Datenbank-Theorie verwendet. Wir wollen dies hier nur nebenbei erwähnen, ohne Abschreckung zu provozieren!

Ende Bemerkung für Philosophen

Es ist sicher kein Zufall, dass gerade diese tiefliegenden Strukturfragen in der Musik auftreten. Das belegt unsere anfängliche These, dass Musik in ihrer Komplexität eine herausragende Rolle spielt. Dies sollte aber nicht vor allem als Anregung zur Datenbank-Theorie oder Mathematik verstanden werden, sondern zur Selbstreflexion:

> Die Musikwissenschafter müssen sich bewusst werden, dass sie ihre eigene Wissenschaft nicht mehr ohne ernsthafte Schäden an den Knowledge Sciences vorbei treiben können.

Wir erinnern daran, dass Datenbanken klassisch bei Bibliotheken auftreten. Bild 9.1 zeigt eine relationale Datenbank mit Büchern, Lesern und der Relation der Ausleihe: Welches Buch (durch die Inventarnummer gekennzeichnet) wurde von welchem Leser (durch die Lesernummer gekennzeichnet) bis wann ausgeliehen.

In der Datenbank-Theorie wird diese Situation graphisch wie in Bild 9.2 dargestellt. Diese Schematik entspricht einer „Entity-Relation-Deklaration". Das

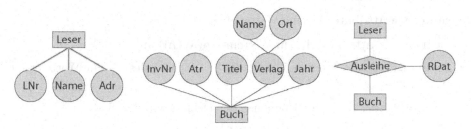

Abbildung 9.2: Entity-Diagramm für Leser (l), Buch (m) sowie die Beziehung dazwischen (r) (Abb. aus Vossen [35])

Bild zeigt links und in der Mitte die Entity-Deklarationen für Leser und Buch. Es handelt sich um eine Art Charakterisierung der Begriffe „Leser" und „Buch" (in Rechtecken) durch eine Reihe von Attributen (in Kreisen). Ein doppelter Kreis wie bei Buch („Atr" = Autoren) bezeichnet ein mehrwertiges Attribut. Das heisst, dass ein Buch mehrere Autoren haben kann, während es hingegen nur einen Titel hat. Das Attribut „Verlage" verweist wieder auf Attribute „Name" und „Orte" und heisst deshalb zusammengesetztes Attribut.

Ein Entity ist dann einfach eine bestimmte Belegung dieser Attribute mit entsprechenden Werten. Bild 9.1 zeigt eine Liste von Leser- und Buch-Entities.

Die Relation (Relationship) der Ausleihe ist eine Kollektion von Entity-Tripeln des Types (Buch, Leser, Rückgabedatum (=RDat)), welche, wie in Bild 9.1 gezeigt, den Zustand der Bibliothek zu einem bestimmten Zeitpunkt angeben.

Bemerkung für Informatiker

Formal wird der Begriff „Buch" als Entity-Deklaration $E = (X, K)$ aufgefasst.

X = Menge von Attributen A_i, die verschieden notiert werden:

- einwertige Attribute A_i
- mehrwertige Attribute A_i
- zusammengesetzte Attribute $A_i(B_1, B_2, ..., B_k)$

K = Teilmenge von X, die als Schlüssel fungiert und uns hier nicht weiter interessiert.

Für unser Beispiel: Buch = (InvNr, Autor, Titel, Verlag(Name, Ort), Jahr, InvNr)

Was heisst diese Kategorisierung? Man gibt für

- einwertige Attribute A_i: eine Wertemenge $W(A_i)$ an

- mehrwertige Attribute A_i: ein Wertemenge $W(Ai)$ an

- zusammengesetzte Attribute $A_i(B_1, B_2, ..., B_k)$ für jedes B_j eine Wertemenge $W(B_j)$ an.

Dann setzt man fest, dass die „Domains" der Deklaration das sind:

- einwertige Attribute: $dom(A_i) = W(A_i)$

- mehrwertige Attribute: $dom(A_i) = 2^W(A_i)$ (= Potenzmenge von $W(A_i)$)

- zusammengesetzte Attribute: $dom(A_i) = W(B_1)x...W(B_k)$

Für das Buch hat man etwa:

$W(InvNr) = int(15)$ (bis max. 15-stellige natürliche Zahl); $dom(InvNr) = W(InvNr)$.

$W(Autor) = char(20)$ (bis max 20-stellige Character-Strings); $dom(Autor) = 2^{char(20)}$.

$W(Name) = char(20), W(Ort) = char(10), dom(Verlag) = char(20) \times char(10)$.

Wir sehen jetzt, dass im wesentlichen die mehrwertigen Attribute unserem Powerset-Typ entsprechen, die zusammengesetzten Attribute dem Product-Typ, die einwertigen Attribute den Simple-Typen, aber die Synonym- und die Coproduct-Typen treten nicht auf.

Ein Entity ist in der Entity-Relationship-Theorie ein Element des kartesischen Produktes $dom(A_1) \times ... \times dom(A_n)$.

Ein Entity-Set E_t ist dann eine Menge von Entities, wobei man jeweils noch die Zeit t angibt, zu der das Repertoire statthat.

Ein Relationship ist ein Tripel (E_Buch, E_Leser, rd), bestehend aus je einem Entity E_Buch, E_Leser der Entity-Sets für die Entity-Deklarationen „Buch" und „Leser", sowie einem Attribut rd für das Rückgabedatum $RDat$. In der Entity-Relationship-Theorie ist eine Datenbank zu den vorgegebenen Deklarationen eine Menge von Relationships.

Alle Strukturen der Entity-Relationship-Theorie treten auch auf in der Denotator-Formen-Sprache. Aber man sieht, dass die Entity-Relationship-Theorie einen mathematisch unfertigen Formalismus aufweist: Eine Entity-Deklaration erscheint nicht als zusammengesetztes Attribut, und ein Entity-Set erscheint nicht als mehrwertiges Attribut, obwohl es das formal könnte und sollte. Das heisst, das System ist formal nicht fertiggedacht, und die rekursive Struktur ist auch nicht sauber und explizit deklariert. Das ist zwar aus der praktischen Ausrichtung der Datenbank-Theorie erklärbar, aber eine begriffliche Aufbereitung wäre nützlich. Wir haben dies ja gerade bei der Entwicklung musikalischer Datenmodelle beobachten können.

Ende Bemerkung für Informatiker

Datenbanken sind also durchaus Gefässe, wie wir sie mit den Formen und Denotatoren kennengelernt haben. Letztere werden in der Tat auch im Datentyp der Denotatoren in der Plattform RUBATO realisiert. Wichtig dabei ist aber, dass Denotatoren und Formen äusserst flexibel sind gegenüber normalen Datenbanken. Die Benutzer und Benutzerinnen können in RUBATO jederzeit neue Formen einführen, eine Möglichkeit, die bei normalen Datenbanksystemen nicht gegeben ist. In einem Bibliotheks-Datenbanksystem etwa darf man ja nur fest definierte Formate „ausfüllen". Die Musik fordert aber genau hier uneingeschränkte Offenheit.

9.2 Das MuseData-Projekt: Sonne oder Satellit?

Ein interessantes Beispiel dazu ist MuseData. Seit 1984 wird am CCARH (Center for Computer Assisted Research in the Humanities) an der Standford-University durch Eleanor Selfridge-Field und Walter B. Hewlett versucht, eine umfassende Sprache für die Beschreibung von Musik auf den Ebenen: Partitur, Sound und Analyse zu entwickeln. Für mehr Information siehe unter

http://musedata.stanford.edu

Die Sprache heisst MuseData und ist nicht plattformabhängig, sondern als ASCII-Format (normaler Text) implementiert. Es ist die Politik, die Übersetzung dieses Formats in spezifische Plattformen zu fördern oder selber zu entwickeln.

In einem Artikel der CCARH-Zeitschrift „Computing in Musicology" (vol.9, 1994) wurde das MuseData-System von Eleanor Selfridge-Field vorgestellt. Darin ist eine Reihe von Mängeln anderer Systeme aufgezählt. MuseData stellt sich dar als Sonne, um die diverse grössere oder kleiner Planeten kreisen. Nach einem Selektionsverfahren hat die MuseData-Redaktion die Formate DARMS, SCORE, MIDI und Kern als Planeten ausgewählt.

MIDI haben wir eben angeschaut, SCORE ist eher auf der Ebene der graphischen Partitur-Darstellung von Noten spezialisiert, und Kern unterstützt auch analytische Belange. Wir wollen aber nicht auf all diese Formate eingehen. Hier sind einige Vergleichstabellen (Bilder 9.3 - 9.6) zwischen der „Sonne" und den „Planeten": Es werden jeweils die Eigenschaften in der linken Kolonne untersucht und auf den diversen Formaten ausgewertet.

Man sieht sofort, wie schlecht MIDI als universelles Format (was es ja nie sein wollte) wegkommt. Dazu als Beispiel zur Kodierung von Musikdaten mit MuseData ein Ausschnitt aus der Mozart-Klaviersonate KV331 (Bild 9.7).

Man erkennt hier die umständliche Art der Notation, falls Töne gleichzeitig anfangen (back!). Wie auch immer diese Darstellung Allgemeinheit beansprucht, sie hat den Nachteil, dass sie zu jenen Formaten gehört, die eine definitive Auswahlmenge an Objekt-Typen anbietet. Wenn man hier etwa die Utai und Fushi

Element	MuseData	DARMS	SCORE	MIDI	Kern
Pitch name	explicit for every note	can be derived from clef	explicit for every note	not given	explicit for every note
Octave number (parameter)	absolute for every note	can be derived from clef	relative to initial octave code; can be reset	can usually be derived from note number	absolute for every note
Octave number (nomenclature)	Middle C = C4	none	Middle C = C4	Middle C = 60[1]	Middle C = C4
Chromatic inflection	explicit for every note	appropriate signs supported	appropriate signs supported	not given	explicit for every note

Abbildung 9.3: Vergleich MuseData und andere Formate I

Elements	MuseData	DARMS	SCORE	MIDI	Kern
Rests	explicit	explicit	explicit	not represented	explicit
Ties	explicit	explicit	defined as graphic occurring *between* two notes	total duration correct but object not represented	explicit
Slurs	explicit	explicit	defined as graphic occurring above/below two or more notes[2]	not represented	explicit; distinct slur, phrase markings
Nested slurs	explicit	explicit	explicit	not represented	explicit[3]
Stems	explicit[4]	explicit[4]	automatic, with override[4]	not represented	not encoded
Stem direction	explicit	explicit	automatic, with override	not represented	explicit[4]
Beams	explicit	explicit	automatic, with override	not represented	explicit
Tuplets (unusual note subdivisions)	supported	supported	supported	supported	supported
Fermatas	explicit	explicit	explicit	not represented	explicit

Abbildung 9.4: Vergleich MuseData und andere Formate II

Element	MuseData	DARMS	SCORE	MIDI	Kern
staccato	symbol supported	symbol supported	symbol supported	symbol not supported; effect can be realized	symbol supported
detached legato	symbols supported	symbols supported	symbols supported	symbol not supported; effect can be realized	symbols supported
tenuto	symbol supported	symbol supported	symbol supported	symbol not supported	symbol supported
pizzicato	verbal instruction and MIDI instrument change supported	treated as verbal instruction	treated as verbal instruction	treated as separate instrument	treated as verbal instruction
measured (bowed) tremolo [single pitch; abbreviated notation]	individual notes represented separately	treated as symbol(s) or individual notes	generally treated as symbol(s)	symbol(s) not supported; individual notes can be reiterated	individual notes represented separately
fingered tremolo [alternating pitches; abbreviated notation]	individual notes represented separately	treated as symbol(s) or individual notes	generally treated as symbol(s)	treated as separate instrument	symbol supported

Abbildung 9.5: Vergleich MuseData und andere Formate III

Element	MuseData	DARMS	SCORE	MIDI	Kern
Tempo words	supported	supported	supported	metronomic control[5]	supported
Text underlay	supported via special characters [é, ñ, õ, à, etc.] represented by ASCII 1-128	supported (*NP*) via special characters represented by ASCII 129-256= "Norwegian" set	supported via special characters represented by *PostScript* octal codes unique to *SCORE*	supported as time-stamped lyrics[5]; no provision for special characters	may be independently encoded
Ornaments	symbols and realization supported	symbols supported	symbols supported	symbols not supported	symbols supported
Fingering numbers	supported	supported	supported	not supported	may be independently encoded
Basso continuo figures	symbols attached to appropriate time slices	symbols in own track	symbols arbitrarily placed	symbols not supported	may be independently encoded
Binary repeats	symbols and appropriate repetition supported	symbols supported	symbols supported	symbols not supported; repetition may be transcribed	symbols supported
Alternative (first, second) endings	symbols and realization supported	symbols supported	symbols supported	symbols not supported; realization may be transcribed	symbols supported
Recapitulation schemes (da capo, minuet, *et al.*)	symbols and realization supported	symbols supported	symbols supported	symbols not supported	symbols supported
Alternative readings	supported by remarks attached to events in file	may be indicated as separate voice(s)	may be indicated through layout	not supported	may be independently encoded

Abbildung 9.6: Vergleich MuseData und andere Formate IV

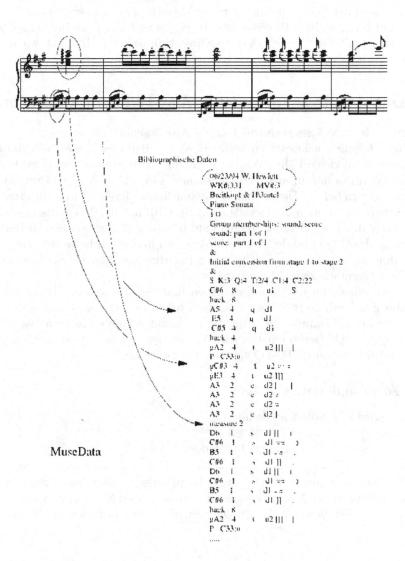

Abbildung 9.7: MuseData von Mozart-Sonate

des Noh-Theaters einfügen wollte, wäre man verlegen, zumindest in der expliziten Namensgebung für die entsprechenden Prädikate (siehe Bild 9.8).

Und es wäre definitiv unmöglich, die umfassende Partiturvernetzung im bipolaren Konzept der Nohgaku-Kunstform in MuseData zu erfassen, welche besteht aus Noh und Kyogen (Noh als die ernste, tragende Seite, Kyogen die hellere Seite eines „Intermezzo". Für mehr dazu siehe Kunio Komparu: „Noh" [15]), wie in Bild 9.9 schematisch gezeigt.

9.3   Das denoteX-Format für ASCII-Kommunikation

Das Folgende ist zwar äusserlich eine formale Angelegenheit, es ist aber wesentlich, die exakten Begriffe auch exakt zu notieren. Wir wollen dies hier einfach einüben, auch wenn man in vielen Fällen von der formalen Explikation absehen wird. Aber man muss, wenn es darauf ankommt, imstande sein, die geforderte Präzision an Begriffsbildung zu liefern. Denn ein wissenschaftlicher Dialog kann nicht ernsthaft geführt werden, wenn man die Details nicht im Griff hat. Und es sollte eine angemessene Formalisierung nicht als Verzicht auf Inhalte gedeutet werden, sondern als Präzisierung des Ortes und der Art und Weise, wo und wie Inhalte auftreten. Aus der Gewohnheit, mit dem Formalismus der Partitur-Notation umzugehen, dürfte diese Arbeit eigentlich keine Mühe bereiten.

Wir schreiben von jetzt an die Formen und Denotatoren als Texte auf und werden das gleich erläutern. Dieser Standard heisst denoteX und ist aus der Forschungsarbeit in Zusammenarbeit mit der Forschungsgruppe Mathematische Musiktheorie an der TU Berlin entstanden. Wir werden auf den Zusammenhang mit der Software-Plattform RUBATO später weiter eingehen.

9.3.1   Form in denoteX

Eine Form wird in denoteX so definiert:

Name:.Typ(Koordinator);

Das Semikolon am Schluss der Definition ist praktisch, damit man immer weiss, wann die Definition beendet ist. Diese zieht sich bei langen Namen oft über mehrere Zeilen hinweg. Auch verschiedene Programmiersprachen brauchen das Semikolon analog.

Text	Fushi			
ha-		(1)	goma-bushi	seed
ro-		(2)	haru	swell
		(3)	u (uki)	float
o				
a-		(4)	o (oroshi)	drop
ra-		(5)	i (irodoru)	color
shi				
ni				
ha-		(6)	mitsu-hiki	triple draw
			sageru	lower
na				
fu-		(7)	a (atsukai)	special treatment of pronunciation
		(8)	irodori	color
ri-			nomi	glottal nasalization
		(9)	marks end	
te			of phrase	
(n)			unit (ku)	
		(10)	ya-a	rhythmic notation

Ha - - ro - o   a - ra - shi ni - - ha - na fu - ri - te - - • n

Abbildung 9.8: Fushi-Zeichen im Utai-Gesang des Noh-Theaters

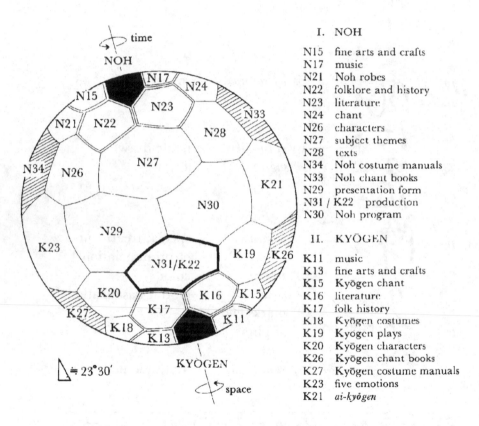

I.   NOH

N15   fine arts and crafts
N17   music
N21   Noh robes
N22   folklore and history
N23   literature
N24   chant
N26   characters
N27   subject themes
N28   texts
N34   Noh costume manuals
N33   Noh chant books
N29   presentation form
N31 / K22   production
N30   Noh program

II.   KYŌGEN

K11   music
K13   fine arts and crafts
K15   Kyōgen chant
K16   literature
K17   folk history
K18   Kyōgen costumes
K19   Kyōgen plays
K20   Kyōgen characters
K26   Kyōgen chant books
K27   Kyōgen costume manuals
K23   five emotions
K21   ai-kyōgen

Abbildung 9.9: Der bipolare Organismus des Nohgaku

Dabei ist:

1. ihr Name ein ASCII-String (anschaulich gesagt: ein gewöhnliches Wort)

2. ihr Typ eines der folgenden Symbole

Simple, Syn, Product, Coproduct, Powerset

3. ihr Koordinator je nach Typ so definiert:

   - Typ = Simple. Dann ist der Koordinator eine der folgenden vier Mengen: Boole, $\langle$ASCII$\rangle$, $\mathbb{R}$, $\mathbb{Z}$.

   - Typ = Syn oder Powerset. Dann ist der Koordinator der Name F einer anderen Form.

   - Typ = Product[1] oder Coproduct[2]. Der Koordinator ist dann eine Folge $F_1, F_2, ... F_n$ von Namen von Formen.

Ein Beispiel für die Form einer Klaviernote:
Einsatzzeit:.Simple($\mathbb{R}$);
Tonhöhe:.Simple($\mathbb{Z}$);
Lautstärke:.Simple($\langle$ASCII$\rangle$);
Tondauer:.Simple($\mathbb{R}$);
PianoNote:.Product(Einsatzzeit, Tonhöhe, Lautstärke, Tondauer);

Übung 2. FM-Object: Wir haben früher die FM-Darstellung von Sound-Objekten diskutiert. Man übersetze diese Darstellung, welche wir graphisch in Bild 8.9 dargestellt haben, nach denoteX; es steht dabei f für „Float", das heisst für den Koordinator $\mathbb{R}$.

Übung 3. Buch: Man schreibe „Buch" als Form in denoteX hin, wobei ein Buch eine Menge von Autoren, einen Titel, einen Verlag, ein Erscheinungsdatum hat. Ferner soll es eine Menge von Kapiteln haben, die die Form „Kapitel" haben, welche aber beliebig wieder aus Unterkapiteln bestehen können. Ein Kapitel soll ferner einen Titel, einen Nummer, einen Text haben.

9.3.2 Denotator in denoteX

Denotatoren sind in denoteX wie folgt definiert:

Name:@FORM(Koordinaten);

---

[1]Statt „Product" ist das theoretisch adäquatere Wort „Limit" gebräuchlich
[2]Statt „Coproduct" ist das theoretisch adäquatere Wort „Colimit" gebräuchlich

Dabei ist:

1. Name = ASCII-String

2. FORM = der Name einer definierten Form

3. Koordinaten = x, wobei x je nach Form so aussieht:

   - FORM:.Simple(F), dann ist x ein Element von F

   - FORM:.Syn(F), dann ist x ein Denotator von F

   - FORM:.Powerset(F), dann ist $x = x_1, x_2, ...x_k$, x_i = Denotator von F

   - FORM:.Product($F_1, ...F_n$), dann ist $x = (x_1, x_2, ...x_n)$, xi = Denotator von F_i

   - FORM:.Coproduct($F_1, ...F_n$), dann ist x ein Denotator von einem F_i

Bemerkungen:

1. Um bei Coprodukten zu sagen, von welchem Cofaktor eine Koordinate x stammt, schreibt man auch $i > x$.

2. Oft ersetzt man die Koordinaten durch ihre Namen, wenn das möglich ist, und schreibt dann x :, um zu sagen, dass x nur der Name und nicht ein ganzer Denotator ist.

Übung 4. Man schreibe explizit einen FM-Object-Denotator hin.

9.4   Der RUBATO-Kontext

Die Formen und Denotatoren sind insbesondere im Kontext der Software-Plattform RUBATO unabdingbar. Die Software-Plattform RUBATO wurde von Guerino Mazzola und Oliver Zahorka entwickelt und lief anfänglich auf dem OS NEXT-STEP 3.3, ist jetzt aber auf den Mac OS X portiert und ist über das Internet frei verfügbar unter

http://www.rubato.org

Wir besprechen im Folgenden diese Version von RUBATO. Die neuste Implementierung unter dem Namen „RUBATO Composer" wird davon ausgenommen, kann aber ebenfalls über www.rubato.org eingesehen und runtergeladen werden. RUBATO ist eine modulare Software, siehe Bild 9.10 für dessen Flussdiagramm, welches die Implementierungsphase bis 2003 mit einschliesst (vergleiche Bild 1.16 für den Stand von 1996). RUBATO besteht aus einer Rahmen-Applikation, der dynamisch (also während die Rahmensoftware schon geladen ist) Plug-Ins, sogenannte Rubetten[3], für Analyse, Performance, Komposition und andere Aufgaben zugeladen werden können.

---

[3]RUBETTE®ist eine registrierte Warenmarke.

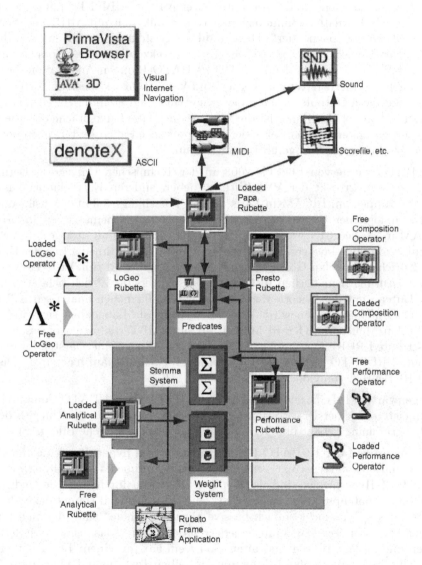

Abbildung 9.10: RUBATO-Schema: Implementierungsphase im Jahr 2000

Es existieren gegenwärtig drei Rubetten für motivische, rhythmische und harmonische Analysen sowie eine PerformanceRUBETTE mit fünf Performance-Operatoren zur Gestaltung von Aufführungsinterpretationen (= Performances). Das RUBATO-interne Datenbanksystem PrediBase sollte via eine PapaRUBETTE mit anderen wichtigen Musik-Formaten kommunizieren. Kommunikation mit MIDI und Scorefile ist seit 1996 implementiert. Das PrediBase-System kommuniziert wie die für die Naturwissenschaftler inzwischen allgemein akzeptierte TeX-Sprache auf ASCII-Text-Basis im Format denoteX. Die RUBATO-Rahmen-Applikation dient hauptsächlich der internen Kommunikation und Verwaltung zwischen den diversen Rubetten und ihren Outputs (insbesondere Gewichts- und Stemma-Dateien, siehe mehr dazu in Kapitel 10). Daher ist die gemeinsame Datenbanksprache essentiell. Nur so kann garantiert werden, dass der Dialog zwischen allen bestehenden oder künftigen Moduln konsistent geführt werden kann.

RUBATO wurde von 1998 bis 2003 an der Technischen Universität Berlin in einem grossen Projekt der VW-Stiftung, neben anderen Entwicklungs- und Forschungsgruppen am IRCAM in Paris, an der Forschungsstelle für Musik- und Medientechnologie der Universität Osnabrück und am Mathematischen Institut der UNAM in Mexico City weiterentwickelt. Für Anbindung an direkte Internet-Kommunikation über Java-gestützte Browser wurde am Multimedia Lab der Universität Zürich von Stefan Göller in seiner Dissertation der PrimaVista-Browser entwickelt. Am mathematischen Institut an der Universität Zürich befasste sich Chantal Buteau mit der Theorie der Motive, welche für neuen analytischen Rubetten die Grundlage bilden wird. Und am Multimedia Lab haben sich Stefan Göller, Stefan Müller und Gérard Milmeister mit RMI-Verteilungen befasst und ein „Distributed RUBATO" implementiert. Bild 9.11 zeigt eine Darstellung von „Distributed RUBATO". Für mehr Information verweise ich auf das paper „Distributed RUBATO" von Göller und Milmeister [11].

Gegenwärtig wird eine neue Version von RUBATO als „RUBATO Composer" von Milmeister in seiner Dissertation implementiert, worin Rubetten im Stil des Visual Programming gebaut und verbunden werden können (siehe Bild 9.12).

Die Arbeit auf der RUBATO-Plattform ist typisch hypermedial, das heisst eine Kombination von Hypertext-Verknüpfung und Multimedia-Darstellung, siehe dazu Bild 9.13. Hypermedien sind also Hypertexte, welche durch beliebige Medientypen in den „Knotenpunkten" angereichert sind. Entscheidend kommt dazu, dass die Daten dieses Typs nicht einfach passive „Datenfriedhöfe" sind, die man nur anschauen kann, sondern man kann sie jederzeit „editieren", das heisst verändern, eingreifen und so das „Wissen" gestalten. So ist ein Fax mit einem Text drauf ein Datenfriedhof gegenüber einem E-Mail mit demselben Text, denn die Bestandteile des gemailten Textes, die Buchstaben und die daraus gebauten Text-Teile sind jederzeit wiederverwendbar durch Kopieren, einbauen, etc., während das Fax keine Buchstaben, sondern nur schwarze Pixel enthält, die sich auch nicht rekombinieren lassen und schon gar nicht Buchstaben sind, sondern erst als solche Zeichen durch uns rekonstruiert werden müssen.

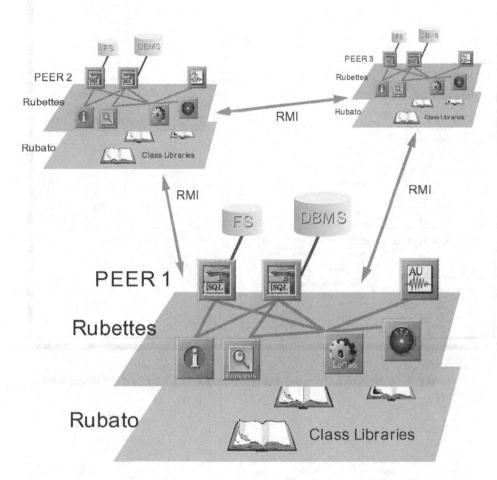

Abbildung 9.11: Distributed RUBATO 2004

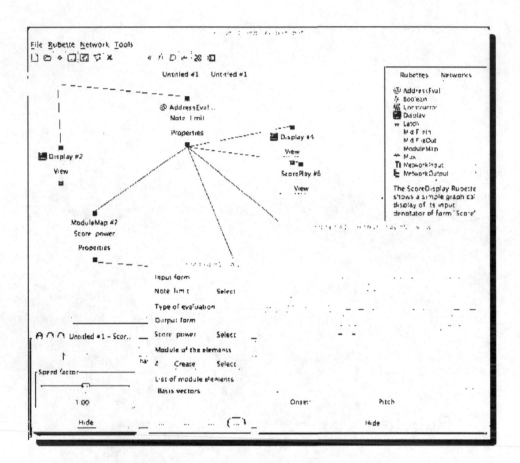

Abbildung 9.12: RUBATO Composer der aktuellen Implementierungsphase

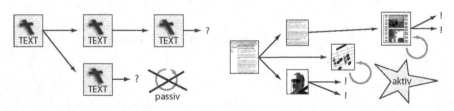

Abbildung 9.13: Datenfriedhöfe (l) und Hypermedien (r)

Bild 9.14 zeigt eine typische Hypermedia-Fahrt auf der NEXTSTEP-RUBATO-Umgebung. Auch ohne näher ausgeführte Details erkennt man aber die Einlesephase links oben, welche als Resultat Denotatoren (hier auch „Prädikate" genannt) liefern, die als Hypertext navigierbar sind (rechts oben). Neben einer graphischen Darstellung der Denotatoren, kann man dieselben durch Intelligent Query (= IQ) analytischen Fragestellungen unterziehen, hier einer metrisch-rhythmischen Analyse. Das Resultat ist als Text-System (links, Mitte) oder als Graphik-Reihe (rechts, Mitte) erkennbar und kann auch als animierte Graphik (rechts unten) oder dann bei der Erstellung von Performances benutzt werden. Die Performances selber sind als Pianola-Graphik (unten, Mitte) erkennbar und können als MIDI-File auch zum Erklingen gebracht werden.

Wir schauen ein Beispiel eines Denotators an in RUBATO (Bild 9.15). Damals war die allgemeine Implementierung von Formen aus terminlichen Gründen auf ein Minimum reduziert worden, so dass hier nicht alle Formen-Typen implementiert sind. Aber das Prinzip ist auch mit dieser Einschränkung erkennbar.

Man erkennt in der mittleren Spalte einen Denotator mit Namen Note, rechts davon fünf Denotatoren mit Namen E, H, L, D, Midi Channel. Sie haben alle dieselbe Form

$$predSTRING:.Simple(\langle ASCII \rangle);$$

wo in RUBATO das Synonym „MKValueForm" benutzt wird (wir ignorieren das hier).

Dahingegen hat ein Denotator mit Namen „Note" die Form predLIST. Sie erfüllt inhaltlich die Bedingung, dass sie eine Liste repräsentiert, deren Items entweder Denotatoren der Form predSTRING sind oder dann wieder Listen der Form predLIST, wobei in RUBATO das Synonym „MKValueListForm" benutzt wird. Wir ignorieren das hier wieder. Die Definition ist diese:

- predLIST:.Coproduct(Item, Length);

- Length:.Simple($\mathbb{Z}$);

- Item:.Product(Selector, predLIST);

- Selector:.Coproduct(predSTRING, predLIST);

also eine zirkuläre Form, die ziemlich allgemeine Listen ermöglicht. Die Alternative Length wird angesprochen, sobald in einem Denotator die Liste fertig ist und man deren Länge angeben will. Ist die Liste leer, so geht man gleich zu Anfang zur Länge und setzt diese gleich Null.

Man erkennt in unserem Beispiel, dass etwa die Denotor-Namen „H" oder „Note" Homonyme sind, was jedoch nach unseren Konventionen über denoteX erlaubt ist, solange die Namen nicht isoliert auftreten (denn das würde zu Vieldeutigkeiten führen). Hier aber sind die entsprechenden Denotatoren immer ganz ausgeführt. So entstehen keine Missverständnisse aufgrund vieldeutiger Repräsentation.

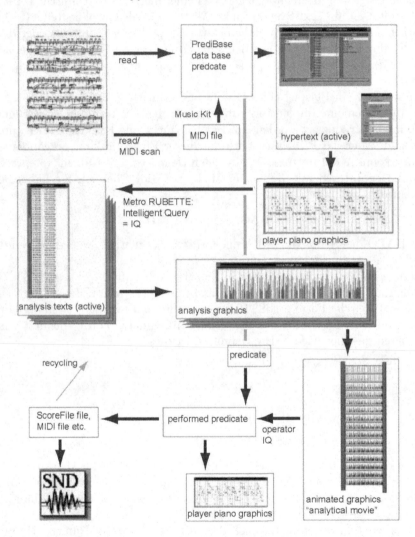

Abbildung 9.14: Hypermediale Kommunikation

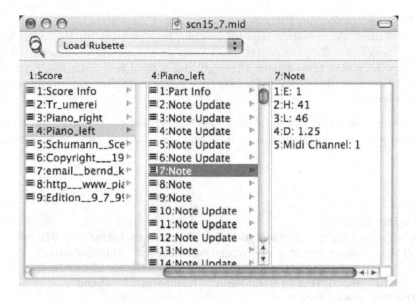

Abbildung 9.15: Predicate-Browser mit Denotator

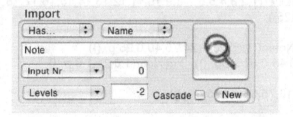

Abbildung 9.16: Suchen im Find-Window

Man kann solche Hypertexte für Denotatoren an jeder Stellen editieren, inklusive Neubenennung oder „Copy and Paste" (Kopieren und Einfügen) von Denotatoren. Die diversen Rubetten benutzen die Möglichkeit, eine Selektion von bestimmten Teilsystemen in einem Denotator durchzuführen. Dieses „Retrieval" (gezieltes Suchen) ist ganz zentral die Aufgabe von Datenbanksystemen. Dazu benutzt man in RUBATO die Find-Window, wie in Bild 9.16 gezeigt. Man wählt beispielsweise zuerst den obersten Denotator im Browser durch markieren. Anschliessend wählt man im Finder des Pop-Up-Menu „Contains" oder „Has" und schreibt dann unten einen Denotator-Namen hinein. Oben haben wir bei „Contains/Note" hineingeschrieben, unten „Has/H". Ein Klicken auf die Lupe ergibt eine Selektion aller Denotatoren, die im ersten Fall im Baum der Koordinaten den Namen „Note" enthalten und im zweiten Fall den Namen „H" haben

Übung 5. Konstruktion der PianoScore-Form: Dieser Abschnitt ist einer grösseren Übung gewidmet: Wir nehmen eine klassische Musikpartitur, in Bild 9.19 Schumanns „Kinderszene #7: Träumerei" und versuchen, eine Form zu konstruieren, die alle ihre Elemente hinreichend allgemein darstellt. Diese Aufgabe wurde von Mariana Montiel an der UNAM Mexico City gelöst, wir diskutieren unsere und Montiels Vorschläge.

Wir versuchen, die Bestandteile einer Klavierpartitur-Form zu entwickeln. Die Abbildungen 9.17 und 9.18 zeigen einen denoteX-Text, wie er hier typisch auftritt.

```
&begin(substance);
myTräumerei:@Pianoscore(myBibinf,myTonarten,myTaktarten,myTempi,
myTakteWiederh,myNoten,myPausen,myArtikulationen,myDynamik);

myBibinf:@Bibinf("Robert Schumann", "Träumerei", "", "Piano",
"The Superior Library");
...
myTakte:@Takte({1,2,3,4,5,6,7,8,9,10,11,12,13,14,15,16,17,18,19,20,
21,22,23,24,25});

myNotes:@Notes({1:@Note(24.75,40,0.25,p,,{}),
2:@Note(1.0,45,0.625,mp,,{}), 3:@Note(1.0,21,1.0,p,,{}
...
254:@Note(18.75,56,0.125,mf,,{})
...});

&end(substance);
```

Abbildung 9.17: Exzerpt eines denoteX-Files zur Träumerei I

```
&begin(Form);
Pianoscore:.Limit[Bibinf,Tonarten,Takte,Tempi,
TakteWiederh,Noten,Pausen,Artikulationen,Dynamik];

Komponist:.Simple(ZASCII);
Titel:.Simple(ZASCII);
Datum:.Simple(ZASCII);
Instrument:.Simple(ZASCII);
Edition:.Simple(ZASCII);

Bibinf:.Limit[Komponist,Titel,Datum,Instrument,Edition];

Onset:.Simple(R);
...
Duration:.Simple(R);
...
Generalnote:.Colimit(Note,Rest,Trillnote);

Generalnotes:2O.Power(Generator);
...
Pedal:.Limit(Onset,Duration,Pedind);
Pedals:2O.Power(Pedal);

Slur:.Syn(Generalnotes);
Slurs:2O.Power(Slur);
...
&end(Form);
```

Abbildung 9.18: Exzerpt eines denoteX-Files zur Träumerei II

Träumerei

Abbildung 9.19: Partitur von Schumanns Träumerei. Copyright 1977. Abdruck mit freundlicher Genehmigung des G. Henle Verlags, München.

Kapitel 10

Computergestützte Analyse und Interpretation von Partituren auf RUBATO - das Prinzip der Gewichte

Übersicht. In diesem Kapitel werden wir verschiedene Objekte kennenlernen, die natürlich grundsätzlich als Denotatoren kodiert und auch als solche gespeichert werden. Dies ist ja die Charakteristik von RUBATO als Rahmensoftware. Aber wir werden nicht immer die entsprechenden Formen anschreiben, da mitunter die Anschauung durch nicht zu sehr formalisierte Darstellung schneller erreicht werden kann. In den einzelnen Kapiteln nehmen wir verschiedene RUBETTEN, (nämlich die Metro-, Melo-, Harmo- und PerformanceRUBETTE) anhand von Beispielen unter die Lupe und sehen, wie man dabei ganz erstaunliche Erkenntnisse gewinnen kann.

$$- \Sigma -$$

10.1 Das Gesamtkonzept der Gewichte

Wenn man analytische Aufgaben zu lösen hat, stellt sich immer die Frage, was eine bestimmte Analyse für ein Thema besitzt und zu welchem Zweck sie hergestellt wird. So kann etwa eine Analyse das Thema der Harmonien und ihrer Beziehungen in einem Musikstück betreffen. Traditionell ist eine solche Analyse als Text gegeben. Man stellt fest, welche Funktion ein Akkord im Rahmen der Riemannschen Funktionstheorie haben wird, ob er beispielsweise subdominantisch in F-Moll oder tonikal in Ges-Dur ist, etc. Man wird auch bestimmte Klauseln wie Kadenzen und

Modulationen als syntagmatische Gestalten im funktionstheoretischen Vokabular identifizieren. Die ursprüngliche Aufgabe von RUBATO war es aber nicht, Analyse nur im Sinne einer Text-Information über den Partiturtext zu legen, denn die Software war vor allem für Performance-Forschung konzipiert. Andererseits ist es grundsätzlich ein Problem zu entscheiden, welche Form der Analyse die dem Verständnis einer Partitur adäquate sei. Wir haben deshalb eine Form der Analyse gewählt, die, wenn auch nicht exklusiv, so doch immer auch geliefert werden soll, damit sie der Performance zugänglich wird.

Unter dem Strich muss jede Anweisung für Performance in Spielanweisungen, das heisst in Anweisungen übersetzbar sein, welche die Gestaltung von physikalischen Parametern von Sound-Events betrifft. Wir werden auf die Details dieser Anweisungsstrukturen später in diesem Kapitel zu sprechen kommen. Hier soll es genügen, dass wir die Analysen immer in Form von quantitativen Angaben vorlegen wollen, die dann zur Erzeugung von Spielanweisungen genutzt werden können.

Der gewählte Ansatz ist, dass wir zunächst eine Menge von Noten-Objekten vorgeben, welche ein Partitur-Denotator zur Performance bereitstellt. Ohne hier die rekursive Konstruktion dieser Objekte genauer zu spezifizieren kann man annehmen, dass sie von einer Form mit Namen „Note" sind, so dass wir eine in der mathematischen Musiktheorie so genannte lokale Komposition, das heisst einen Denotator

$$\text{NoteSet:@Loc}(\{N_1, N_2, ..., N_s\})$$

der Form Loc:.Powerset(Note) haben. In RUBATO wurde diese Menge typischerweise als Datei mit Namen „NoteSet.pred" gespeichert, wobei der Extender .pred die Information gibt, dass man hier einen Denotator vorliegen hat. Jeder Note N_i der Menge NoteSet wird nun vermöge der vorliegenden Analyse A ein Gewicht $weight_A(N_i)$ zugeordnet, welches eine nicht-negative reelle Zahl ist. Man kann dies als Funktion

$$weight_A : NoteSet \to \mathbb{R}$$

auffassen.

Übung 6. Mehr formal könnte man das Gewicht als Denotator in einem Produktraum der Form

$$\text{Weight:.Powerset(Note,Value)}$$

mit der Werte-Form

$$\text{Value:.Simple}(\mathbb{R})$$

sehen. Aber das lassen wir hier als Übung.

Intuitiv gibt das Gewicht einer Note an, welche Bedeutung sie in der Analyse A bekommt. Es wird damit aber mitnichten bestimmt, wie die Note zu spielen sei. Das Gewicht ist also eine rein mentale Information, die als „Rohstoff" der Performance-Gestaltung zugänglich gemacht werden muss.

10.2   Die MetroRUBETTE

Um die allgemeinen Ideen konkret zu machen, wollen wir ein elementare Rubette, die MetroRUBETTE für metrisch-rhythmische Analyse diskutieren.

Im Riemann-Musiklexikon zitiert Frieder Zaminer im Artikel „Metrum" Gustav Becking:

> Die Frage nach den Grundlagen und Prinzipien metrischer Ordnungsgefüge gehört zu den meist umstrittenen der Theorie und bildet ein Kernproblem der Analyse.

Die Begriffe „Metrum" und „Rhythmus" sind in der klassischen Musikwissenschaft ziemlich problematisch, da sie relativ diffus sind. Wir lesen bei Hugo Riemanns Buch „System der musikalischen Rhythmik und Metrik" folgendes nach:

> Ich habe [...] die Wertung der den Rhythmus eines Tonstückes beherrschenden mittleren Zeiten an dem normalen Mittelmass des gesunden Pulses die rhythmische Qualität genannt.

Und J. Trier (Studium Generale II 1949) definiert:

> Rhythmus ist die Ordnung im Verlauf gegliederter Gestalten, die darauf angelegt ist, durch regelmässige Wiederkehr wesentlicher Züge ein Einschwingungsstreben zu erwecken und zu befriedigen.

Offenbar ist aber dieser komplexe Begriff basiert auf einem weniger komplexen Basisbegriff des Metrums. Bei Riemann heisst es:

> Wir operieren mit einem zweiten Grundbegriffe (neben „rhythmische Qualität" [G. Mazzola]) [...], demjenigen des verschiedenen Gewichtes der Zeiten, der metrischen Qualität.

Schwere und leichte Zeiten sind bei Riemann allerdings nicht abstrakte Dinge, sondern stets aus der realen Existenz durch Inhalte, also Noten und Töne, abgeleitet.

Dieser zweite Begriff scheint sehr gut zu der Definition von Gewichten zu passen, die wir vorher diskutiert haben. Wir werden daher die MetroRUBETTE aufgrund einer metrischen Struktur konstruieren und dabei den Begriff des Rhythmus nicht direkt benutzen, sondern die dem Rhythmus zugrundeliegende Idee der Regelmässigkeit aus der metrischen Qualität ableiten.

Abbildung 10.1: Metrische Analyse eines Stücks aus der Jupiter Symphonie

10.2.1 Normative und Immanente Rhythmik/Metrik

Um Regeln der metrisch-rhythmischen Interpretation eines Musikstücks zu bilden, muss man immer die Frage nach der Basis der Untersuchung stellen. Aesthesis ist ja am Werk einerseits und an den Voraussetzungen des Analysierenden andererseits festgemacht. Auch in der scheinbar „neutralen" Untersuchung der Partitur des Werkes (Bild 9.19) ist es nicht gleichgültig, welche Aspekte man als relevant auffasst.

Hier gibt es Taktstriche, Periodengrenzen etc., und es gibt die Noten selbst. Die Frage wäre also, wie stark die Takt-Metrik und die Notenverteilung in der Zeit verknüpft sind und auf was man hier zu achten hätte. Normative Analyse würde hier bedeuten, dass man die Taktstriche und die äusseren formalen Grenzen der Partitur-Tradition als Prokrustesbett nimmt, um die Rhythmik des Stücks zu bestimmen.

Ray Jackendoff und Fred Lerdahl haben das so angesetzt in ihrem Werk „Generative Theory of Tonal Music" [13].

Bei Jackendoff und Lerdahl (Bild 10.1) werden die Taktstriche immer als metrische Punkte angenommen. Ferner wird auch von nichtexistierenden Einsatzzeiten ausgegangen, und schliesslich sind auch die Unterteilungen normativ: Immer 1:2 oder 1:3. Alles andere ist verboten. Das ist sehr gefährlich, weil es einerseits die Komplexität der Rhythmik zerstört und andererseits Normen etabliert, die nur den schlechten Massengeschmack zementieren. Rhythmik ist in Wirklichkeit sehr komplex und vieldeutig. Hier ein Beispiel:

> Audio 3: Steve Coleman; #1 der CD „The Sonic Language of Myth", (Ausschnitt)

Es ist hier durchaus „tonale Musik", jedenfalls mindestens polytonale Musik. Coleman spricht bei diesem Stück von „Ratios", Verhältniszahlen der Zeitteilung.

10.2.2 Geographie der lokalen Metren

In dieser Situation befand sich unsere Zürcher Arbeitsgruppe, als wir rhythmische Gestaltung zu modellieren hatten. Wir benötigten konkrete Analysewerkzeuge, nicht nur abstrakte oder brutal normative Prinzipen!

Dies ist in Kürze unsere Argumentation. Sie müsste natürlich durch eine gründliche Hinterfragung des Phänomens ergänzt werden!

1. Metrik betrifft den Aspekt der Periodizität in der Zeitgestalt der Musik.

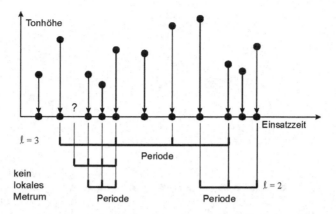

Abbildung 10.2: Beispiele lokaler Metren in der EventONSet-Menge

2. In Anlehnung an Aristoteles ist nach Christian Ehrenfels Gestalt mehr als die Summe ihrer Teile: „Übersummativität". Wie viel mehr das jeweils ist, wird in der mathematischen Musiktheorie durch den Begriff der globalen Komposition beschrieben. Das ist eine quasi-geographische Überdeckung einer Gestalt durch Karten aus „Elementargestalten" (siehe Bild 10.2).

Wir gehen also im Geist von Riemann davon aus, dass sich Zählzeiten unter allen Umständen erst reale Existenz durch ihre Inhalte gewinnen. (System der musikalischen Rhythmik und Metrik, p.8). Hier also der Inhalt des Prädikats (in RUBATO synonym zu „Denotator" verwendet), den man explizit in die Analyse einbringen muss, damit es in Betracht kommt. Im Allgemeinen werden wir verschiedene „Objekt-Sorten" (Formen) antreffen, die auch entsprechend mehr oder weniger zum Gesamtrhythmus beitragen können. So kann man in dieser Hinsicht Taktstriche, Pausen, Noten, etc. unterscheiden. Also man muss sagen, ob man von Noten, Taktstrichen oder was auch immer für Ereignisse in der Zeit spricht. Das ist eine Art Deklarationspflicht für die verwendeten Material-Vorgaben.

Betrachten wir zunächst den Fall Bild 10.2, dass alle Events von der gleichen Sorte (Form) sind. Die Elementargestalten der Rhythmik sind die lokalen Metren. Dies sind periodisch verteilte Folgen von Einsatzzeiten zu real vorkommenden Objekten unserer ausgewählten Sorte. Die Anzahl der Wiederholungen (Zwischenräume) heisst die Länge des jeweiligen lokalen Metrums. Damit wird eine Menge von Einsatzzeiten durch einen „Atlas" von lokalen Metren, den „Karten" des Atlas, überdeckt.

Um mathematische Artefakte zu vermeiden, beschränken wir uns auf die maximalen lokalen Metren, also jene, die nicht echte Teilmengen von anderen lokalen Metren in unserem Atlas sind (siehe Bild 10.3).

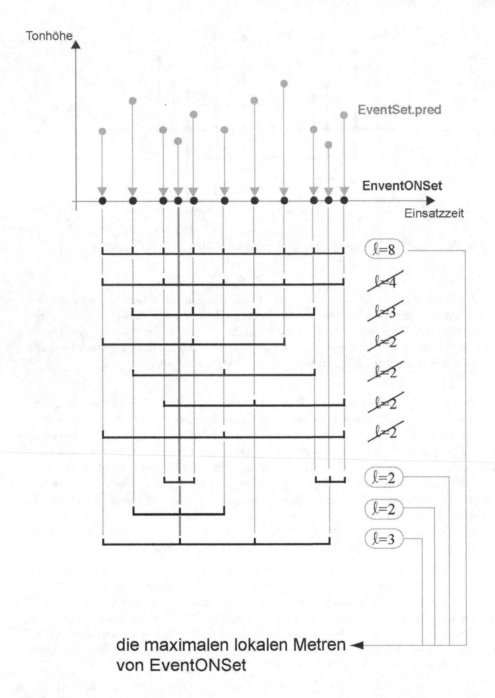

Abbildung 10.3: Der Atlas der maximalen lokalen Metren im Beispiel EventONSet

> Der Atlas der maximalen lokalen Metren beschreibt für jede Einsatzzeit ihren metrischen Kontext innerhalb des gegebenen Prädikats.

10.2.3 Operationalisierung mit der MetroRUBETTE

Wir legen eine minimale zugelassene Länge von maximalen lokalen Metren durch die Zahl MINIMUM fest(siehe Bild 10.4). Das ist eine wichtige kognitive Entscheidung! Techno-Fans werden hier unter MINIMUM = 200 nichts akzeptieren. Dann wählen wir eine Wachstumszahl, das heisst einen Exponenten PROFIL, mit dem der Beitrag wachsender Längen von lokalen Metren gewertet wird. Das Gewicht der Einsatzzeit E ist dann definiert durch die Formel in Bild 10.5, also die Summe aller Längenpotenzen $L_1^{PROFIL}, ..., L_m^{PROFIL}$, bei welchen die Summe über alle maximalen lokalen Metren geht, die mindestens Länge MINIMUM haben, und die E enthalten. Bild 10.6 zeigt ein Beispiel eines Gewichts.

Nun ist das metrische Gewicht eines Objekts X in EventONSet definiert als das Gewicht seiner Einsatzzeit E_X und man ist fertig mit der Definition für eine Sorte. Schliesslich kann man in der MetroRUBETTE das Gewicht mehrerer lokalen Kompositionen, die bestimmten Objekt-Sorten entsprechen, gewichtet zusammenzählen (siehe Bild 10.7). Man hat in diesem Beispiel die Sorten „Linke Hand", „Rechte Hand", „Taktstriche" und „Pausen" genommen und für jede Sorte das metrische Gewicht ermittelt. Dann wird ein Distributor für die relative Gewichtung der diversen Sorten abgegeben (x% für linke Hand etc.) und das Summengewicht so ausgerechnet.

Mit dieser Methode kann man also seine Ansicht (psychologisch oder sonst wie begründet) über die Rolle einer bestimmten Sorte von Objekten kundtun. Man kann die Taktstriche etwa ganz wichtig nehmen durch hohe %-Zahl, oder aber durch 0 % einfach eliminieren.

Wir können also für unsere Diskussion zwei Dinge definieren:

> Metrik ist die globale Struktur der Überdeckung der Einsatzzeiten mit lokalen Metren.

> Rhythmik ist die Gewichtsfunktion auf einer globalen Metrik.

10.2.4 Take Five in Schumanns Träumerei

Wir wollen nun sehen, ob und wie Rhythmik in Schumanns Träumerei (Kinderszene #7, Bild 9.19) immanent sich darstellt. Bild 10.8 zeigt die gesamte metrische Analyse der Träumerei. Wir konzentrieren uns auf die linke Hand und betrachten die oberste Ebene (MINIMUM so gross wie möglich, dass überhaupt noch lokale Metren existieren).

Interessant ist hier ein auf der obersten Ebene sichtbares Phänomen der linken Hand: $5/4+3/4 = 8/4$ in der zweitaktigen 4/4-Struktur. Dies ist also nicht die Dominanz des Taktstrichs, sondern eine unregelmässige metrische über das ganze

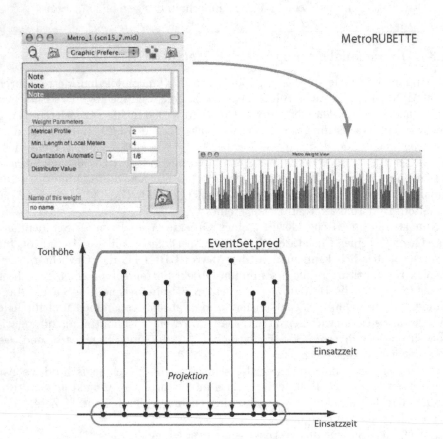

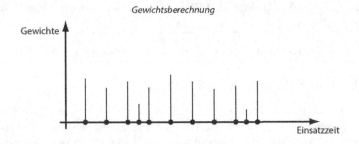

Abbildung 10.4: Gewicht einer Einsatzzeit

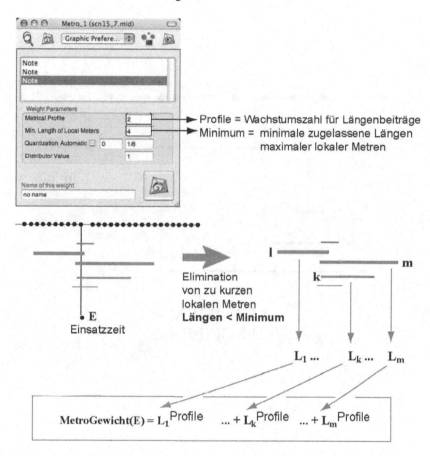

Abbildung 10.5: Gewicht einer Einsatzzeit

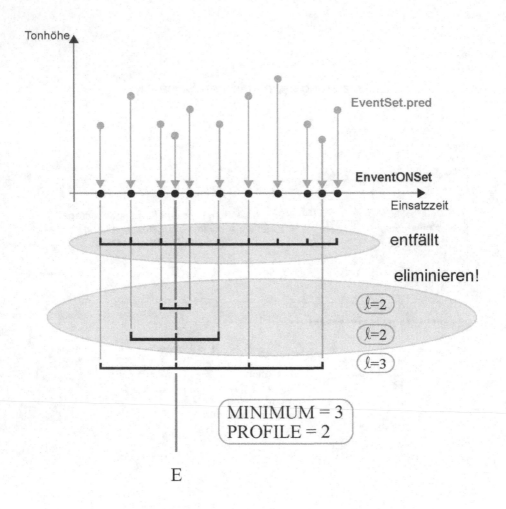

$$\text{MetroGewicht(E)} = 3^2 = 9$$

Abbildung 10.6: Beispiel eines Gewichts

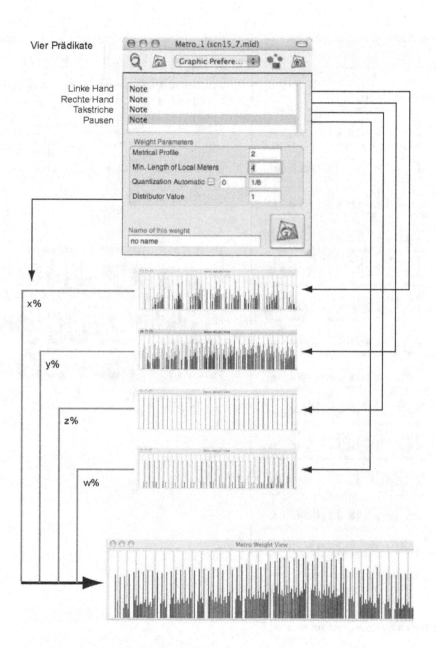

Abbildung 10.7: Gewichtete Kombination von Gewichten

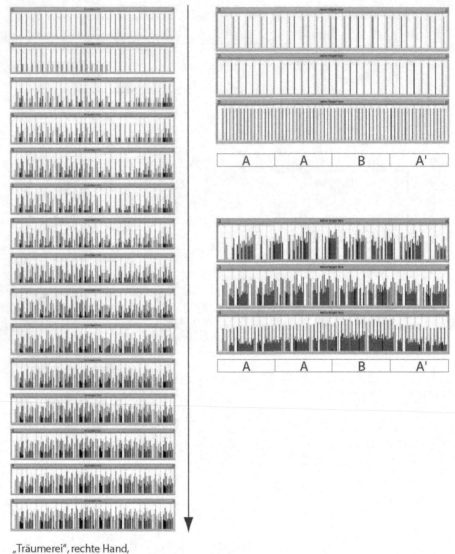

„Träumerei", rechte Hand,
metrische Analyse von längsten
bis kürzesten lokalen Metren

Kann als Movie angeschaut werden

Abbildung 10.8: Die Metro-Weight-Sequenz in der Träumerei

Stück erstreckte Struktur.

```
┌──────────────────────────────────────────────────────────┐
│                  „Take Five!" bei Schumann!               │
└──────────────────────────────────────────────────────────┘
```

Damit Sie diese Struktur auch würdigen können, sollten wir einerseits bemerken, wie schwer es ist, die Schumannsche Rhythmik in der Träumerei zu interpretieren. Unter Umständen liegt es auch daran, dass Rubati in diesem Stück ganz stark auftreten, und dass dies eventuell Ausdruck einer rhythmischen Unstabilität oder Widersprüchlichkeit ist: RH 4+4 gegen LH 5+3!

Um dies hörbar zu machen spielen wir zuerst eine Interpretation der Träumerei:

　　　Audio 4: Martha Argerich: Kinderszene #7 (Ausschnitt)

Die linke Hand wollen wir nun genauer anhören, und zwar in einer Computer-Simulation der rhythmischen 5+3-Gewichtung. Wir benutzen dazu die PerformanceRUBETTE von RUBATO (siehe Abschnitt 10.5) und legen die Gewichte der Analyse auf die Lautstärke der linken Hand.

　　　Audio 5: Kinderszene: linke Hand mit Gewichten

10.2.5   Der Rhythmus von Rissis „Papago – Tohono O'Otam"

Nach diesen analytischen Exkursen in Theorie und Praxis wenden wir uns einer „ethnologischen" Problematik zu: Einer Jazz-Bigbandkomposition des Schweizer Komponisten und Saxofonisten Mathias Rissi. 1995 hatte er eine 12-tönige Komposition „Papago – Tohono O'Otam" in der Urform im 4/4-Takt erstellt (Bild 10.9):

　　　Audio 6: Urtext der Komposition „Papago"

Er reicherte sie mit Techniken der seriellen Musik und mit Hilfe der Kompositionssoftware presto an, die wir in Kapitel 11 besprechen werden. Dadurch wurde das Stück rhythmisch unübersichtlich.

　　　Audio 7: Urtext „Papago" mit zugefügter zweiter Stimme

Wir haben darauf diese Version einer Analyse mit der MetroRUBETTE unterzogen. Denn es ging darum, dass Rissi für die Bigband genau verstehen wollte, was da vorgeht. Es stellte sich in unserer Analyse des Urtextes in der Tat heraus, dass die dominante Rhythmik, also die Gewichtsfunktion, stark durch eine 3/8-Periode dominiert ist. Also schrieben wir die Partitur neu (Bild 10.10).

Abbildung 10.9: Urtext der Komposition Papago

Abbildung 10.10: Neue 3/8 Partitur

Wir wollen das nun in zwei Versionen hören:

> Audio 8: Fuego-CD: „Papago" im Trio Rissi-Mazzola-Geisser
> (Ausschnitt)

Und dann in der Bigband-Version, um die es ging:

> Audio 9: CD (Yavapai): „Tohono O'Otam" (Nordindianischer Ti-
> tel, synonym zu „Papago", Ausschnitt)

10.2.6 Splines für Gewichte

Es scheint, als hätte man damit das Problem für $A =$ metrische Analyse gelöst. Wir erhalten ja eine Gewichtsfunktion, die eine Art Rhythmusfunktion impliziert. Wir haben allen lokalen Metren, also lokal regelmässigen Einsatzzeit-Folgen, Rechnung getragen, und dies sogar mit gewichteten Beitragszahlen als Funktion der Objekt-Sorte.

In der Praxis und ganz prinzipiell für die Performance tritt aber folgendes Problem auf, das noch zu lösen wäre: Wenn man eine Gewichtsfunktion $weight_A$: $NoteSet \rightarrow \mathbb{R}$ hat, dann kann zweierlei passieren. Später, wenn man sie für Performance-Aufgaben benutzt, kann es sein, dass man ihre Werte für ein Objekt X haben möchte, das seine Einsatzzeit nicht in EventONSet hat. Es passiert aber im Rahmen der Rechenungenauigkeit von Computern auch ohne weiteres, dass man den Wert $weight_A(X)$ nicht erhält, da sich aus rechnerischen Gründen die Gleichheit der Einsatzzeit von X in EventSet und der Einsatzzeit von X von EventONSet nicht mehr bejahen lässt (Rundungsfehler, etc.). Dann möchte man doch den Wert der Funktion auch ein ganz klein wenig neben dem theoretischen Wert haben, und das sollte in etwa dasselbe sein wie die theoretische ermittelte Zahl.

Man muss also so oder so das Gewicht interpolieren auf Einsatzzeiten, die nicht schon automatisch Werte bekommen. Solche Interpolationen heissen Splines.

Präzisierung für Informatiker

In der numerischen Mathematik dient dazu insbesondere die Theorie der Splines. Wir wollen das für den hier relevanten Fall einer Gewichtsfunktion

$$w : EventONSet \rightarrow \mathbb{R}$$

auf einer Teilmenge EventONSet der reellen Zahlen anschauen. Dazu können die dahintersteckenden Formen vergessen. Nehmen wir an, es seien zwei benachbarte Einsatzzeiten E_1 und E_2 gegeben, und wir haben $y_1 = w(E_1)$ und $y_2 = w(E_2)$. Ein Spline zu diesem Paar ist dann eine Funktion, die überall im Intervall zwischen E_1 und E_2 definiert ist und auf den Grenzzeiten die entsprechenden Funktionswerte y_1 und y_2 annimmt. Man fordert manchmal auch noch, dass die Funktion in diesem Intervall eine Ableitung hat, und dass deren Ableitung in E_1 und E_2 entsprechende

Werte z_1 und z_2 annimmt. Bei Splines betrachtet man immer nur spezielle Klassen von Funktionen, zum Beispiel polynomiale Funktionen

$$f(E) = a_d \cdot E^d + a_{d-1} \cdot E^{d-1} + \ldots a_1 \cdot E + a_0$$

Man spricht von linearen Splines, wenn sie polynomial vom Grad 1 sind, also

$$f(E) = a_1 \cdot E + a_0,$$

von quadratischen Splines, wenn

$$f(E) = a_2 \cdot E^2 + a_1 \cdot E + a_0$$

und von kubischen Splines, wenn

$$f(E) = a_3 \cdot E^3 + a_2 \cdot E^2 + a_1 \cdot E + a_0$$

ist. Kubische Splines haben eine gute Eigenschaft: Wenn man von ihnen verlangt, dass sie in den Grenzpunkten bestimmte Ableitungen z_1, z_2 haben, dann gibt es genau eine Lösung für die vier Koeffizienten a_3, a_2, a_1, a_0.

Übung 7. Übung: Man rechne die Koeffizienten explizit aus als Funktionen von E_1, E_2, y_1, y_2 und für $z_1 = z_2 = 0$.

Ende Präzisierung für Informatiker

Wir wollen das hier anwenden. Ein solches gesplintes Gewicht zum gegebenen diskreten Gewicht zeigt Bild 10.11. Mit diesen Konstruktionen, die alle in der MetroRUBETTE implementiert sind, können wir uns einige Beispiele anschauen und später dann auch im Rahmen der PerformanceRUBETTE anhören.

10.3 MeloRUBETTE

Als zweite Analyse-Rubette wollen wir die MeloRUBETTE diskutieren. Sie bringt gegenüber der MetroRUBETTE einige theoretische, aber auch praktische Probleme mit betreffend den Rechenaufwand. Wir werden im Anschluss eine Übersicht zur PerformanceRUBETTE geben, damit man auch die Anwendung der anlytischen Rubetten erkennen kann. Um die Beschreibungsebene etwas zu vereinfachen, trotzdem aber die wesentlichen Punkte beibehaltend, werden wir hier nur von einer Sorte von Noten sprechen, nämlich Denotatoren der Form

EHNote:.Product(E,H);

mit der Form E:.Simple($\mathbb{R}$) für Einsatzzeit und H:.Simple($\mathbb{R}$) für Tonhöhe. Ein Motiv ist dann ein Denotator in der Form Loc:.Powerset(EHNote), also eine lokale Komposition $M = \{N_1, N_2, ..., N_k\}$ von Noten in EHNote. Dabei stellen wir die Bedingung, dass die Projektion

$$p_E : M \to M_E$$

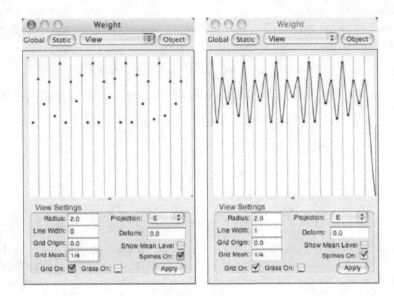

Abbildung 10.11: Diskretes (links) und gesplintes (rechts) Gewicht

welche jeder Note N_i in einem Motiv M ihre Einsatzzeit E N_i und damit die lokale Komposition

$$M_E = p_E(M) = \{E_{N_1}, E_{N_2}, ..., E_{N_k}\}$$

in E zuordnet, eine Bijektion $p_E : M \rightarrow M_E$ definiert. Das heisst: Zwei Noten sind verschieden genau dann, wenn ihre Einsatzzeiten verschieden sind, keine Akkorde oder Intervalle simultaner Noten. Ein Motiv ist also per definition eine Menge von Noten, von denen keine zwei dieselbe Einsatzzeit haben. Beispiele dazu sehen wir in Bild 10.12.

Wir stiften in Bild 10.12 auch einen Bezug zu Rudolph Retis bekanntem Werk über den thematischen Prozess in der Musik [27]. Der Bezug ist daher angebracht, weil in der Musikwissenschaft der Begriff des Motivs und der motivischen Analyse noch weitgehend kontrovers respektive inexistent ist. Reti weigert sich in genanntem Buch gar, nach einem provisorischen Versuch einer Definition der Terms „theme", eine genaue Definition des Begriffs des Themas zu geben (Op. cit., p. 12, Fussnote):

> In general, the author does not believe in the possibility or even desirability of enforcing strict musical definitions. Musical phenomena come to existence in the constant fluence and motion of compositional creation. Therefore any description of theme must finally prove but approximations.

Wir betreten hier also musikologisches Neuland und werden uns dazu weiter unten in semiotischer Hinsicht äussern.

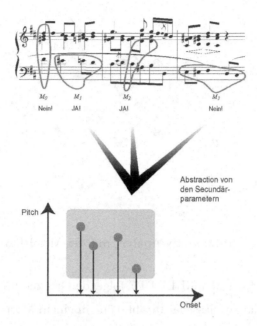

Abbildung 10.12: Motive der Form EHNote und bijektive Projektion auf E

Bezogen auf diese Strukturen von Motiven soll die MeloRUBETTE Gewichte von Noten der Form EHNote ermitteln. Wir wollen gewissermassen so ein Gewicht als Aussage darüber erhalten, was die Relevanz einer Note im motivischen Kontext eines Musikstücks sein kann.

Eine einfachere Frage kann man gleich vorweg lösen: Wenn man weiss, was das Gewicht $weight_A(M)$ von Motiven M in der gegebenen Komposition unter einer bestimmten Motivanalyse A ist, was ist dann ein gutes Mass für das Gewicht einer Note N_i? Man kann das Gewicht einer Note N_i in dieser Komposition definieren als

$$weight_A(N_i) = \sum_{\text{Motiv } M \text{ enthält die Note } N_i} weight_A(M)$$

also die Summe der Gewichte aller betrachteten Motive zu dieser Komposition, die N_i als Note enthalten.

Die Kernfrage wäre also: Was also ist das Gewicht eines Motivs? Wir gehen so vor (siehe Hauptfenster der MeloRUBETTE in Bild 10.13, links): Man wählt zunächst in einer Komposition alle Motive aus, die in gewissen Grenzen liegen.

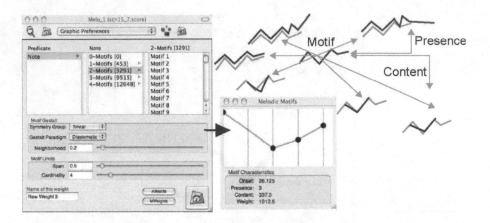

Abbildung 10.13: Motiv-Analyse mit der MeloRUBETTE

Wir können auf der MeloRUBETTE folgende Grenzen festlegen:

- Card = maximal zugelassene Anzahl Töne in einem Motiv

- Span = maximaler Abstand zwischen der Einsatzzeit des ersten und derjenigen des letzten Tones eines Motivs

Dies stellt man im Hauptfenster unten ein. Die Liste aller Motive wird dann aus der gegebenen Komposition, in Bild 10.13 die Träumerei, erstellt. Die einzelnen Motive können aus dem Browser (Bild 10.13, rechts im Hauptfensters) ausgewählt und im kleinen Fenster (Bild 10.13, kleines Fenster rechts) eingesehen werden.

Als nächstes wählt man ein „Gestaltparadigma" für Motive aus. Damit entscheidet man sich dafür, was für Eigenschaften eines Motivs für den Vergleich von Motiven gleicher Grösse wesentlich sein sollen. Bei der Einstellung „Dia" (=diastematischer Index) betrachtet man nur die Information, ob sukzessive Töne des Motivs steigen, fallen oder gleich hoch bleiben. Damit reduziert sich die Information auf eine Reihe von +1 (Steigen), -1 (Fallen) oder 0 (gleich bleiben). Das Gestaltparadigma „Elastic" behält von einem Motiv die Steigungswinkel der sukzessiven Töne (in der EH-Ebene), sowie das Verhältnis sukzessiver Seitenlängen von Intervallen sukzessiver Töne (siehe Bild 10.14). Die Einstellung des Gestalttypus geschieht im Hauptfenster unter „Gestalt Paradigm".

Nun stellt man noch ein, wie viel die Gestalten von Motiven verschieden sein dürfen, damit wir sie als „ähnlich" zulassen. Man kann das im Sinne eines „Abstandes" dieser Gestalten präzise machen. Was man als Neighborhood einstellt ist natürlich nicht das Problem der Software, sondern unseres, also ein möglicherweise psychologisch motiviertes, so dass wir im Rahmen der Aufgabenstellung die Grenzen unter dem Feld „Neighborhood" (auf der MeloRUBETTE, Bild 10.13, unten im Hauptfenster) einzugeben haben. Die Software kann jetzt beim Vergleich zweier Motive, die gleich viele Töne haben, entscheiden, ob sie „ähnlich"

From Motives to Gestalts (Shapes)

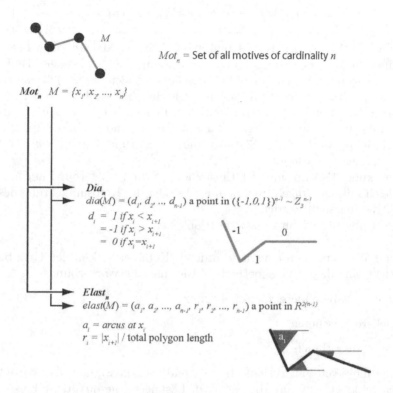

Abbildung 10.14: Diastematischer Index und elastische Shapes

sind oder nicht: Sie sind „ähnlich", wenn ihr Abstand kleiner ist als die gewählte Zahl „Neighborhood". Um nun weiter das Gewicht eines Motivs zu bestimmen, werden zwei Hilfsgrössen ausgerechnet: Die Präsenz und der Inhalt eines Motivs M (siehe erneut Bild 10.13, rechts oben).

Präsenz: Wir betrachten alle Motive N in unserem Inventar, welche mindestens so viele Töne haben, wie das gegebene Motiv M, und die Teilmotive M^* enthalten (deren Töne aber nicht notwendig aufeinander-folgend sein müssen in N), die ähnlich sind zu M. Wir zählen die Zahl dieser Situationen und nennen das Resultat Präsenz *presence*(M) von M. Wir erfahren so, an wievielen Motiven M – bis auf Ähnlichkeit – beteiligt ist.

Inhalt: Wir betrachten alle kleineren Motive N in unserem Inventar, die zu einem Teilmotiv M^* von M ähnlich sind und zählen diese Fälle. Das wird Inhalt *content*(M) von M genannt. Wir erfahren so, wieviele Motive sich „unter" M einfinden.

Es ist nun vernünftig,

$$weight_A(M) = presence(M) \times content(M)$$

zu definieren, wobei die Analyse A nun alle Parameter, die wir oben betrachtet haben, einschliesst: Gestaltparadigma, Card, Span und Ähnlichkeit. Bild 10.13 zeigt die Situation für die Träumerei mit den angegebenen (engen!) Grenzen. Man sieht die enorme Rechenleistung für Motivvergleiche, welche schon mit den wenigen (453) Tönen der Träumerei zu erbringen sind. Es sind bei der engen Grenze von Card = 4 (also nur Motivchen von 2, 3 und 4 Tönen!) und Span = 1/2 Takt doch schon 25'745 Motive. Und die Software muss jetzt rund 1 Milliarde Vergleiche bezüglich Ähnlichkeit anstellen.

Bemerkung: Es kann mit der Einstellung „Symmetry Group" auch ein Gestaltvergleich mit der Umkehrung, dem Krebs oder der Krebsumkehrung des Vergleichsmotivs angestellt werden.

Diese Rubette stellt uns vor zwei Probleme:

1. Problem: Wie kann man eine überbordende Kombinatorik in den Griff bekommen? Welche sind die Lösungsmethoden? Dies hier die Workarounds:

- Statistik (insbesondere: neuronale Netze)

- schnellere Maschinen

- bessere Algorithmen

Die Lösung muss von Fall zu Fall überlegt und verfolgt werden. Die Wege 2 und 3 sind scheinbar gut, führen aber nicht zu Lösungen, die qualitativ besser sind. Wenn man normale Musikstücke, etwa von der Grösse eines Sonatenhauptsatzes, nimmt, nützen alle diese Methoden nichts. Mehr kann man sich von Statistik versprechen: Man muss Stichproben unter den Motiven machen, um die grossen Zahlen im Rahmen des Möglichen zu halten.

2. Problem: Wir haben jetzt eine Gewichtsfunktion $weight_A : EventSet \rightarrow \mathbb{R}$, die aber auf den Noten des EventSets im zweidimensionalen EH-Raum definiert ist. Wie kann man nun interpolieren, um gleich wie beim metrischen Gewicht eine Gewichtsfunktion zwischen den Events zu erhalten? Auch hier ist die Spline-Theorie anzuwenden. Wir haben das auch in den diversen Rubetten so gemacht.

Wir können also davon ausgehen, dass alle Gewichte immer auf natürliche Weise auf alle zwischen den Noten des EventSet liegenden Punkte ausgedehnt worden sind. Hier zwei Beispiele:

Bild 10.15 zeigt die Gewichte der EH-Noten in der Träumerei als grauwertige Kreisscheiben, deren Dunkelheit proportional zum Gewicht ist. Bild 10.16 zeigt die Gewichte der EH-Noten in der Träumerei durch Splines interpoliert. Hier gibt die Dunkelheit der Landschaft die Höhe des Gewichts.

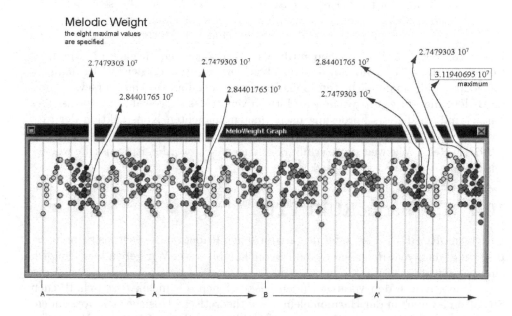

Abbildung 10.15: Bild von melodischem Gewicht zur Träumerei mit Kreisscheiben auf der Original-NEXTSTEP-Implementierung
NEXT

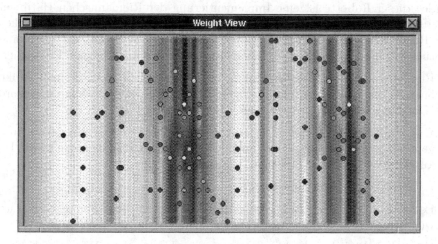

Abbildung 10.16: Bild von Spline-erweitertem melodischem Gewicht der Träumerei

> Achtung: In der Musikwissenschaft wird man Motive als „semantisch geladene" Tongruppen auffassen, es ist also nicht jedes Motiv in unserem Sinne in der Musikwissenschaft ein Motiv.

Unser Vorgehen war hier, die Semantik, also die Bedeutung, die einem Motiv innewohnt, durch die Gewichtsfunktionen zu konstruieren. Wir vergleichen jedes Motiv mit jedem anderen und erhalten so via Präsenz und Inhalt durch sein Gewicht seine Bedeutung, die es im gegebenen Motiv-Inventar des ausgewählten Musikstücks hat. Damit wird Retis Forderung nach einer immanenten Konstruktion der Motivik nachgegangen (siehe dazu auch Kopfermanns interessanter Kommentar [16, p.297] zu Reti). Wie weit sie so erfüllt oder angenähert worden ist, muss die weitere Diskussion erweisen.

10.4   Die HarmoRUBETTE

Die HarmoRUBETTE ist unter den analytischen Rubetten die weitaus komplizierteste und auch vom Rechenaufwand her die komplexeste. Wir geben hier lediglich eine Übersicht.

Wie schon in den vorangehenden Diskussionen der musikwissenschaftlichen Situation ist auch in der Harmonielehre eine theoretische Unsicherheit vorhanden, so etwa in dem bekannten Zitat von Carl Dahlhaus zu Hugo Riemanns Harmonielehre (siehe Referenz in „The Topos of Music" [19, p.819]):

> Eine Theorie aber, die gerade dort versagt, wo das Phänomen, das sie erklären soll, ins Vage und Unbestimmte gerät, darf als adäquat gelten.

Die Idee dieser Rubette ist eine Implementierung der Riemannschen Harmonielehre und dies mit dem Ziel, für eine gegebene Komposition zu jedem Akkord einen Riemannschen Funktionswert anzugeben, der den Verlauf der Harmonien des Stücks sinnvoll widerspiegelt. Dabei stösst man auf nicht wenige Probleme:

1. Riemann selbst hat das Programm, jedem möglichen Akkord einen Funktionswert zuzuschreiben, nie durchgeführt. Nur für einige bekannte Akkorde (Dur-Dreiklänge etc.) ist dies geschehen.

2. Es ist unter Musikwissenschaftlern nicht klar, was diese Funktionswerte eigentlich für eine Rolle spielen, und wovon sie exakt abhängen (siehe die Diskussion von Dahlhaus in loc.cit.)

3. Es ist nicht klar, was eine Tonart ist.

4. Es ist nicht klar, wie ein Funktionswert von einer Tonart abhängen soll und wie vieldeutig diese Wertmöglichkeiten sind.

5. Es ist bei möglichen Vieldeutigkeiten nicht klar, welche Werte im Kontext eines Musikstückes zu bevorzugen sind. Ja es ist nicht einmal klar, wann man in einer bestimmten Tonart ist.

6. Es ist genau besehen nicht einmal klar, was ein Akkord in einer konkreten Komposition sein soll!

Wir wollen diese Probleme alle abarbeiten, bis wir die Implementierung der Theorie (das heisst des Torsos einer Theorie) erstellen können.

Zu Problem 6
Dies lösen wir dadurch, dass die Software die Komposition zunächst auf eine Mengen von Noten mit E, H, D reduziert und dann gewissen Folge

$$Ch_1, Ch_2, ..., Ch_i, Ch_{i+1}, ..., Ch_N$$

von Denotatoren des Typs

ChordEvent:.Limit(Onset,Chord);
Chord:.Powerset(H);
Onset:.Simple($\mathbb{R}$);

Wie sie das macht? Es gibt zwei Methoden: Erstens einfach die Mengen von Noten gleicher Einsatzzeit gruppieren, zweitens Gruppen erzeugen jedesmal, wenn man Notengruppen hat, die grad anfangen zu dauern, oder wo das Ende der Dauer einiger Noten stattfindet, während noch andere weiterdauern. Das ist zwar relativ grob, aber es zeigt eine erste Auswahl an Varianten, um die Akkordsequenz zu erzeugen. Dies führt zur Akkordliste, die man im Hauptfenster erstellt (siehe Bild 10.17).

Zu Problem 4
Wir benutzen die drei Grundwerte der Riemann-Theorie: Tonikal (T), Dominantisch (D) und subdominantisch (S). In C-Dur hat der Dreiklang c,e,g den Wert T, der Dreiklang g,h,d den Wert D und der Dreiklang f,a,c den Wert S. Wir nehmen davon je zwei Varianten: T,D,S (Grossbuchstaben) für Dur und t,d,s (Kleinbuchstaben) für Moll. Die Semantik lassen wir momentan noch offen. Ferner wollen wir erlauben, dass in jeder Tonart einer der sechs Werte eingenommen werden kann. Wir lassen entsprechend den zwölf chromatischen Grundtönen (mod. Oktave) 12 Tonartsymbole zu: C, Cis (=Des), D, Dis, E, F, Fis, G, Gis, A, Ais, H. Das ergibt also 72 mögliche Werte (Funktionswert, Tonart).

Wir erlauben uns aber noch mehr: Da es von der Musiktheorie her nicht klar ist, ob ein Akkord eigentlich mehrere Werte haben kann, und ob er das nur digital entweder hat oder nicht, oder ob verschiedene Werte mehr oder weniger angenommen werden können, haben wir uns für einen fuzzy Ansatz entschlossen: Ein Akkord Ch kann einen der 72 Werte als nicht-negative reelle Zahl annehmen. Das heisst wir bekommen 72 Werte $F(Ch,\text{Funktionswert,Tonart})$ in $\mathbb{R}$ für den Akkord Ch. Wir erhalten dann entsprechend einer noch zu beschreibenden Methode pro Akkord eine 6×12 Matrix mit den 72 Werten von Ch. Diese Werte sind nur ein Potenzial und hängen noch nicht vom Kontext des Musikstücks ab. Bild 10.18

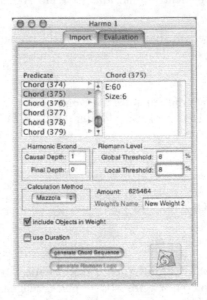

Abbildung 10.17: Main window der HarmoRUBETTE

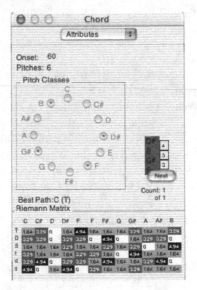

Abbildung 10.18: ChordInspector window
der HarmoRUBETTE

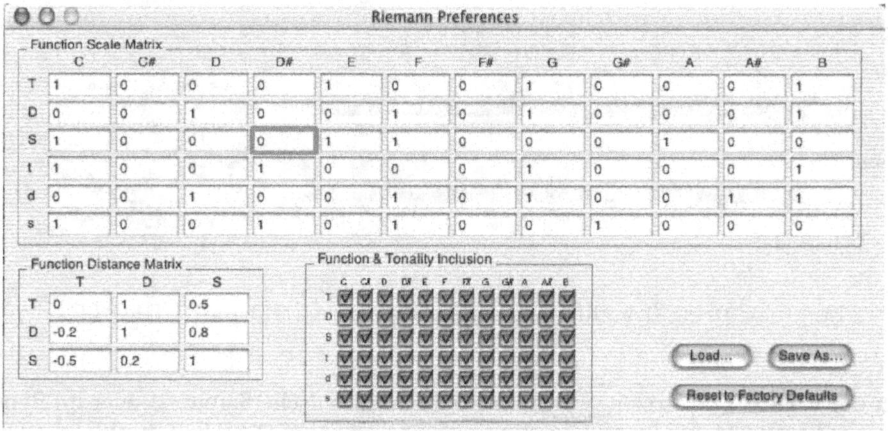

Riemann Preferences

Function Scale Matrix

	C	C#	D	D#	E	F	F#	G	G#	A	A#	B
T	1	0	0	0	1	0	0	1	0	0	0	1
D	0	0	1	0	0	1	0	1	0	0	0	1
S	1	0	0	0	1	1	0	0	1	0	0	0
t	1	0	0	1	0	0	0	1	0	0	0	1
d	0	0	1	0	0	1	0	1	0	0	1	1
s	1	0	0	1	0	1	0	0	1	0	0	0

Function Distance Matrix

	T	D	S
T	0	1	0.5
D	-0.2	1	0.8
S	-0.5	0.2	1

Function & Tonality Inclusion

Load... Save As... Reset to Factory Defaults

Abbildung 10.19: Riemann preference window der HarmoRUBETTE

zeigt diese Matrix, die wir Riemann-Matrix nennen, für einen Akkord. Dunkle Rechtecke bedeuten hohe Werte, helle Rechtecke bedeuten niedrige Werte.

Zu den Problemen 1,2,3:
Nun müssen wir implementieren, wie die Werte der Riemann-Matrix zu berechnen sind. Dazu offeriert die HarmoRUBETTE verschiedene Methoden, die von verschiedenen Autoren verantwortet sind. Die Methode ist im Hauptfenster unter „Calculation Method" via Pop-Up-Button spezifizierbar. Wir können hier nicht auf die Einzelheiten eingehen. Bild 10.19 zeigt ein Fenster mit Riemann-Preferences nach der Mazzola-Methode, welche die Werteberechnung bedingen, und zwar im oberen Bereich „Function Scale Matrix". Die Idee bei dieser Methode ist es, jedem Ton eine Bewertung für die 72 Werte zuzuordnen, Terzketten zu betrachten, davon die Werte zu berechnen und schliesslich Akkorde hinsichtlich der minimalen Terzketten zu bewerten, die sie enthalten. Details finden sich im entsprechenden Abschnitt 41.3 HarmoRUBETTE von „The Topos of Music" [19].

Zu Problem 5
Bisher haben wir für jeden Akkord Ch_i unserer Folge

$$Ch_1, Ch_2, ..., Ch_i, Ch_{i+1}, ..., Ch_N$$

eine Riemann-Matrix errechnet. Diese gibt das Potenzial der möglichen Werte an, aber nicht einen sinnvollen Wert. Der letzte Schritt unserer Berechnung wird nun jedem Akkord Ch_i in der 6×12 Matrix eine Position $F(Ch_i) = (Fun_i, Ton_i)$ und damit natürlich den Wert an jener Stelle zuordnen. Damit bekommen wir also einen Pfad

$$F(Ch_1), F(Ch_2), ..., F(Ch_i), F(Ch_{i+1}), ..., F(Ch_N)$$

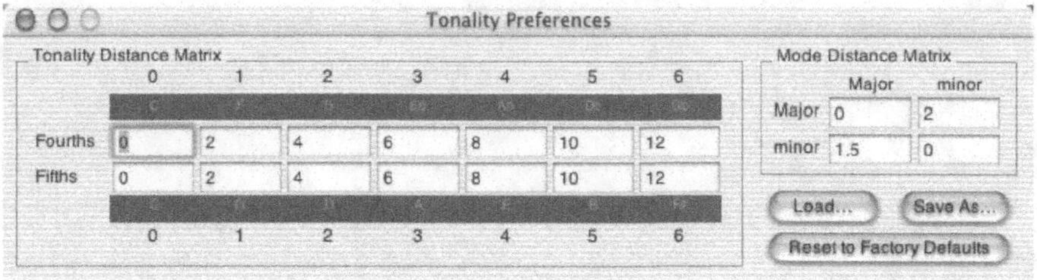

Abbildung 10.20: Tonality preference window der HarmoRUBETTE

durch die Riemann-Matrizen, welcher also die harmonische Semantik hier im Syntagma darstellt. Man muss aber dabei bedenken, dass die Vielfalt der a priori möglichen Wege bei beispielsweise 200 Akkorden, was noch sehr wenig ist, $72^{200} = 2.9275160 \cdot 10^{371}$, also mehr ergibt, als man je wird mit einer Maschine berechnen können.

Bevor wir dieses kombinatorische Problem angehen, wollen wir aber die Wege bewerten: Welches sind gute, sinnvolle Wege, welche sind harmonisch schlecht? Die Idee ist, dass wir die Übergänge zwischen zwei Positionen in der Riemann-Matrix bewerten wollen. So soll es „billig" sein, die Tonart zu behalten, aber „teuer", sie zu wechseln. Logische harmonische Übergänge sollen durch Gewichtung bevorzugt werden. So soll es billig sein, von der Dominante in einer Tonart zur Tonika zu gehen, während es teuer ist, den umgekehrten Weg zu gehen, etc. Und dies auch in Abhängigkeit von den gegebenen Werten in der Riemann-Matrix. Solche Übergangsgewichte sind in der Riemann preference window in Bild 10.19 unten links angegeben, während dort sogar unten in der Mitte gewisse Positionen der Matrix ganz verboten werden können (weil man etwa „weiss", dass das Stück in einer festen Tonart sein muss). Auch die Präferenzen bezüglich Übergängen von Dominante zu Tonika etc. sind bewertbar (siehe dazu Bild 10.20).

Auf Grund dieser Übergangspräferenzen wird nun grundsätzlich der beste harmonische Weg berechnet. Allerdings müssen wir dabei noch die Kombinatorik in den Griff bekommen, die ja wie oben gezeigt, so nicht beherrschbar ist.

Die Idee ist, dass wir nicht die langen Wege der ganzen Komposition anschauen können, sondern hier eine Auswahl treffen sollten. Wir haben dazu die Frage zu lösen, welcher harmonische Wert (Position in der Riemann-Matrix) für einen Akkord Ch_i zu wählen sei. Es ist plausibel, dass dieser Wert nicht von allen möglichen Akkorden der ganzen Komposition abhängen sollte. Das bedeutet, wir betrachten um einen Akkord herum nur Wege einer gewissen Länge vom Index $i - k$ bis zum Index $i + l$. Für eine solche Wahl von „kausaler Tiefe k" und „finaler Tiefe l" berechnet man den besten „lokalen Weg" und kriegt daraus die Position für diesen Akkord Ch_i. Es zeigt sich, dass schon Werte von $k = l = 3$ grosse Rechenzeiten erfordern.

Hier ist ein interessantes Forschungsthema aus dem Bereich Berechnungs-

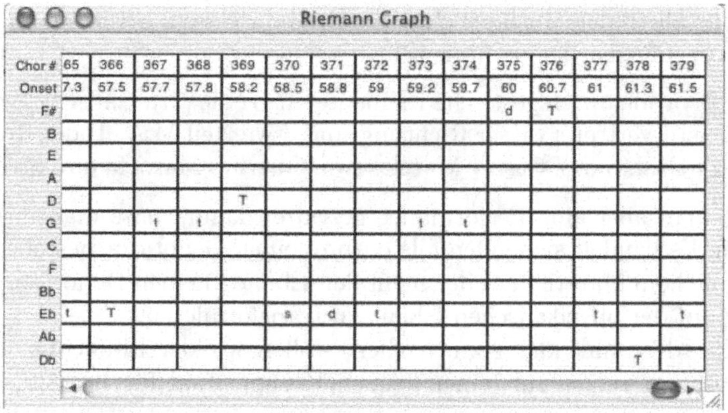

Riemann Graph														
Chor # 65	366	367	368	369	370	371	372	373	374	375	376	377	378	379
Onset 7.3	57.5	57.7	57.8	58.2	58.5	58.8	59	59.2	59.7	60	60.7	61	61.3	61.5
F#										d	T			
B														
E														
A														
D				T										
G		t	t					i	t					
C														
F														
Bb														
Eb t	T					s	d	t				i		t
Ab														
Db													T	

Abbildung 10.21: Riemann path window der HarmoRUBETTE

komplexität und auch Implementierung schneller Algorithmen oder statistischer Verfahren eröffnet. Das Resultat ist als harmonischer Pfad in Bild 10.21 gezeigt.

Wenn diese Riemann-Werte für den Pfad gerechnet sind, werden die Gewichte der Akkorde aus den Gewichten in der Riemann-Matrix und aus den Übergangsgewichten der Präferenzen gerechnet. Um schliesslich die Gewichte der Töne in Akkorden zu bekommen, werden die Rollen der Töne zur Bildung der Riemann-Gewichte betrachtet. Das heisst man rechnet die Riemann-Matrizen mit einem Ton und ohne ihn und betrachtet dann den Quotienten der beiden Zahlen, um diese mit dem Akkordgewicht zu multiplizieren.

10.5 Die PerformanceRUBETTE

Wir wollen eine zentrale Anwendung der analytischen Gewichte aus den entsprechenden Rubetten diskutieren: Die PerformanceRUBETTE. Damit können aus gegebenen Partituren (die wir als Denotatoren speichern und zur Verfügung haben) Aufführungsinterpretationen, das heisst Performances, gestaltet werden. Solche Performance-Transformationen haben als Abbildungen $P(X) = x$ in Kapitel 3.2 bereits angeschaut.

Wir werden also nur einen ganz speziellen Aspekt der Performance-Forschung streifen: Die Performance, welche durch Informationen analytischer oder „rationaler" Natur gestaltet werden. Es gibt grundsätzlich die folgenden Begründungen und Motivationen, ein Stück zu performen:

- die Motivation durch rationale Elemente, das heisst eine geistige Begründung. Vertreter dieser Richtung sind unter anderem Theodor W. Adorno, Guerino Mazzola und Johan Sundberg.

- die Motivation durch Emotionen, also eine psychologische Begründung. Hier sind vor allem der Musikpsychologe Alf Gabrielsson, sowie Reinhard Kopiez und Jörg Langner zu erwähnen.

- die Motivation durch gestische Elemente, also eine physikalische Begründung. Wichtigste Vertreter dieser Richtung sind etwa Neil M.A. Todd, Ronald Verillo, Shuji Hashimoto, Ceslav Marek sowie Guerino Mazzola und Stefan Müller.

Bevor man aber eine Performance gestalten kann, muss man ihre Struktur beschreiben. Es handelt sich jedenfalls darum, einen Denotator bestehend aus Noten und ähnlichem Material auf der mentalen Ebene in einen Denotator bestehend aus Events auf der physikalischen Ebene zu transformieren.

Um die Ideen hier klarer zu machen, wollen wir der Einfachheit halber annehmen, dass wir es nur mit einer lokalen Komposition für Klavier, also einem Denotator

$$\text{NoteSet:@Loc-Notes}(\{N_1, N_2, ..., N_s\})$$

von Klaviernoten N_i zu tun haben. Das heisst Note-Denotatoren, wobei wir in diesem Kontext die Formen so annehmen:

> Note:.Product(Einsatzzeit,Tonhöhe,Lautstärke,Dauer);
> Einsatzzeit:.Simple($\mathbb{R}$);
> Tonhöhe:.Simple($\mathbb{R}$);
> Lautstärke:.Simple($\mathbb{R}$);
> Dauer:.Simple($\mathbb{R}$);
> Loc-Notes:.Powerset(Note);

Ein solcher Noten-Denotator N_i habe dann die Koordinaten-Werte (Koordinaten-Namen spielen momentan keine Rolle) E, H, L, D, das heisst

$$N_i\text{:@Note(E,H,L,D)}$$

Auf der physikalischen Seite haben wir auch eine lokale Komposition der entsprechenden Events EventSet $=\{n_1, ..., n_s\}$, ein Denotator

$$\text{EventSet:@Loc-Events}(\{n_1, n_2, ..., n_s\})$$

der Form

> Loc-Events:.Powerset(Event);

mit

> Event:.Product(einsatz,höhe,laut,dauer);
> einsatz:.Simple($\mathbb{R}$);
> höhe:.Simple($\mathbb{R}$);

laut:.Simple($\mathbb{R}$);
dauer:.Simple($\mathbb{R}$);

als physikalische Koordinaten in Sekunden etc. Wir schreiben ein Event n_i entsprechend mit Kleinbuchstaben als n_i:@Event(e,h,l,d).

Mit diesen Notationen kann man also die Performance-Transformation als eine Funktion P anschauen (siehe Bild 3.5 in Kapitel 3.2).

$$P : NoteSet \rightarrow EventSet$$

Die Struktur solcher Transformationen wollen wir hier nicht näher diskutieren, dazu wäre zu viel Mathematik notwendig.

Wir wollen uns aber fragen, wo man eingreifen soll, um P zu gestalten. Dabei müssen wir zunächst beachten, dass man ja nie eine Peformance gleich in einem Schritt endgültig gestaltet! Man übt, und dies ist ein mehrstufiger Verfeinerungsprozess, der in Wirklichkeit Jahre dauern kann. Dies führt zum Begriff des Stemmas (siehe Bild 10.23). Das bedeutet, dass man zunächst mit einer „Prima-Vista-Performance" anfängt, also dem erste Einspielen des Stücks, ohne Raffinesse, sondern gemäss den geschriebenen Anweisungen ganz „wörtlich" wiedergegeben.

Nach und nach wird die Spielweise verfeinert und das geschieht genealogisch: Man benutzt das schon Gelernte und baut es aus, setzt raffiniertere Varianten hinzu. Dies geschieht oft auch durch Aufteilung des Materials in kleinere Ausschnitte. Ein solcher sukzessive entstehender Ausschnitt (etwa eine Periode, ein Takt, eine Stimme) heisst in der Performance-Theorie Local Performance Score (= LPS). Eine LPS ist so etwas wie eine lokale Einheit der Performance-Gestaltung. Bild 10.24 zeigt eine LPS mit ihren Bestandteilen so, wie sie es in RUBATO implementiert ist.

Wir erkennen diese 10 Bestandteile:

1. **Mother**: Die LPS, von der unsere LPS durch Verfeinerung abgeleitet wurde.

2. **Daughters**: Die diversen LPS, die von unserer LPS später abgeleitet wurden.

3. **Operator**: Das Gestaltungs-Werkzeug, welches für die Verfeinerung unserer LPS verantwortlich ist.

4. **Weights**: Die analytischen Gewichte, die der Operator für seine Gestaltung benutzt hat.

5. **Instrument**: Das Instrument, welches für die Performance benutzt wird.

6. **Initial Set**: Eine Menge der Noten, auf die sich die Performance als „Startmenge" bezieht, zum Beispiel der Kammerton a' oder eine erste Einsatzzeit, von der aus man weiterzählt.

7. **Initial Performance**: Die Performance, welche auf dem Initial Set schon definiert ist, also zum Beispiel die 440 Hz, welche dem Kammerton zugeordnet sind, oder die physikalische Startzeit zur ersten Einsatzzeit im Initial Set.

Abbildung 10.22: Escher: Balcony, eine Metapher für die Verformung einer LPS.

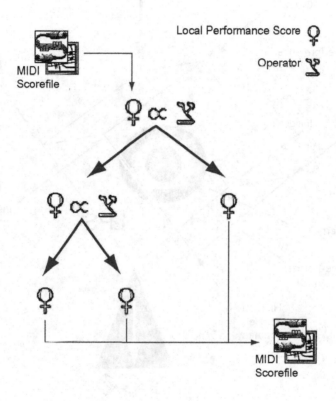

Abbildung 10.23: Stemma

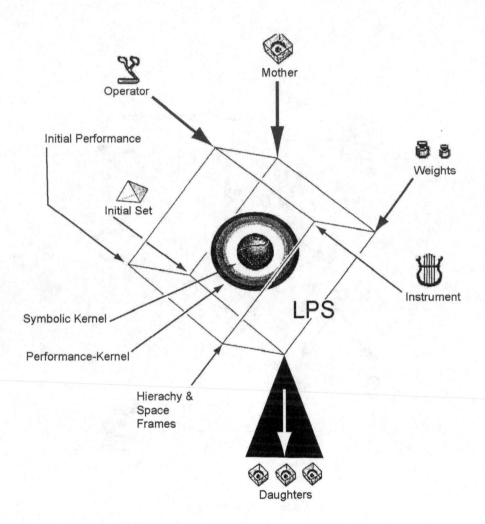

Abbildung 10.24: Die Struktur einer LPS

8. **Symbolic Kernel**: Die lokale Komposition der „Noten" (in der obigen Notation NoteSet), die gespielt werden soll.

9. **Performance Kernel**: Die lokale Komposition der „Events" (unser obiges EventSet), die als gespielte Noten auftreten, also das P-Bild des Symbolic Kernels.

10. **Hiararchy and Space Frames**: Eine Reihe von technischen Rahmenbedingungen, worüber man die Performance grundsätzlich erstrecken wird.

Man kann nun die Verfeinerung oder „Verformung" der von der Mother übernommenen Performance-Transformation P durch den Operator auf drei Arten gestalten:

- direkte *Beeinflussung der Events der Mother*, also Eingreifen in das Performance-Resultat der Mutter;

- direkte *Beeinflussung der Notes der Mother*, also brutale Veränderung der Noten der Mutter;

- *Veränderung der Verformungsgrade von P*, etwa via Einflussnahme auf die Tempo-Kurve der Mutter-LPS;

- *Aufspaltung der LPS* in mehrere kleinere LPS.

In RUBATO sind diese Möglichkeiten durch entsprechende Operatoren realisiert worden. Wir wollen hier nur zwei Operatoren anschauen: Den PhysicalOperator für die erstgenannte Aufgabe und den TempoOperator für die an dritter Stellen genannte Aufgabe.

10.5.1 PhysicalOperator

Angenommen, man hat ein metrisches Gewicht MetroWeight errechnet. Dann hat man zu jeder Einsatzzeit E ein Gewicht $MetroWeight(E)$ und kann dies auf irgendeinen oder mehrere Parameter der Events anwenden.

Man aktiviert erstens bestimmte physikalische Parameter durch Anwählen des Häkchens. Man wählt dann für jeden durch ein Häkchen aktivierten physikalischen Parameter s des Events $x = P(X)$ eine Transformation $a \cdot s + b$. Schliesslich wird dieser neue Wert jeweils mit dem Gewicht $MetroWeight(X)$ der Note X zum physikalischen Event x multipliziert, wie er im WeightWatcher eingegeben wird (siehe Bild 10.26).

Im WeightWatcher kann man die Grenzen für Maximal- und Minimalwerte eines Gewichts einstellen, zum Beispiel von 0.8 bis 1.2. Dann wird unser Gewicht $G(E)$ in diesen Grenzen verzerrt, ergibt $G^*(E)$, und wir haben für jeden aktivierten Parameter s des Events x den Wert $G(E)^*(a \cdot s + b)$. Die Wirkung des metrischen Gewichts MetroWeight auf die Lautstärke L hatten wir bei der linken Hand in der Träumerei schon gehört.

Abbildung 10.25: Inspector des Phy-   Abbildung 10.26: Inspector des
sicalOparator-Window   WeightWatcher-Window

Als interessante Anwendung kann man auch das metrische Gewicht direkt auf
die Tonhöhen wirken lassen und so eine Sonifikation der Analyse erzeugen, also
ein Hörbarmachen einer Analyse, wodurch man sehr schnell Strukturen vernimmt,
die man nicht sehen würde. Wir hören uns dies im Fall der Kunst der Fuge an.

 Audio 10: Sonifizierung der metrischen Analyse in der Kunst der
Fuge (Joachim Stange-Elbe)

10.5.2   TempoOperator

Dieser Operator wirkt weder auf mentale, noch auf physikalische Parameter, sondern ändert die Beziehung zwischen ihnen. Typisch für diese Beziehung ist das
Tempo. Es ist definiert als

$$T(E) = \frac{1}{(de/dE)}$$

(eigentlich dE/de, aber als Funktion von E). Das ist die mathematisch sauber
übersetzte Bedeutung von „M.M. = ...Viertelnoten/Minute" (M.M. = Maelzel
Metronom) an einer bestimmten Stelle der Partitur!

Das Tempo sagt also, wie sich die physikalische Einsatzzeit in Relation zur
mentalen Einsatzzeit ändert. Der TempoOperator macht nun folgendes: Wir gehen
von einem Tempo $T(E)$ aus, das von der Mutter der LPS übernommen wird. Am
Anfang wird das meist ein konstantes Tempo sein, möglicherweise mit ein paar
festgeschriebenen Ritardandi oder Fermaten. Nun aber haben wir ein Gewicht und
seine Verzerrung G^* auf dem WeightWatcher. Damit wirken wir auf das Mutter-
Tempo, indem wir statt $T(E)$ nun

$$T_G(E) = G^*(E) \cdot T(E)$$

nehmen. Das zweite Fenster von oben in Bild 10.27 zeigt die Wirkung eines melodischen Gewichtes auf die physikalischen Einsatzzeiten.

Bevor wir hier weiter gehen, wollen wir kurz eine Tempo-Hierarchie, also ein Stemma im Bereich des Tempo anschauen, wie sie schon anfangs der 90er Jahre durch die Software presto, die wir in Kapitel 11 anschauen werden, implementiert wurde.

10.5.3 Tempo-Hierarchien

Wir hatten bei unseren Untersuchungen der Literatur zur Agogik (=Feinstruktur des Tempo) beobachtet, dass klassische Anweisungen, wie etwa die von Carl Czerny, nichts bringen.

Als eines der repräsentativen Traktate zur Vortragskunst des Tempos, diskutiert Danuser im NHB, Bd.11 [9] Carl Czernys Vollständige theoretisch-praktische Pianoforte-Schule op. 500 um 1840.

Der Informatiker und Musikwissenschaftler Oliver Zahorka, mein Mitarbeiter am RUBATO-Projekt 1992-1996, hat die Anweisungen von Czerny mit dem AgoLogic-Modul der Software presto untersucht und so genau wie möglich zu simulieren versucht (Bild 10.28).

 Audio 11: Czerny: 3 Versionen

Dies klingt unbefriedigend. Wir vergleichen dies mit einer Interpretation auf der presto-Software nach Zahorka, mit gebundenem Rubato.

 Audio 12: Czerny: Version Zahorka

Dies wird mit der AgoLogic-Funktion in presto hergestellt (Bild 10.29). Bei der Czerny-Situation sieht das so aus (siehe Bild 10.30). Die linke Hand wirkt als Referenz-Agogik und lässt die rechte Hand frei variieren, solange sie am Ende jedes Taktes wieder mit der Linken zusammenkommt.

Es folgt ein Beispiel in diesem Geist: Chopin, „Impromptu" op. 29. Die entsprechende Tempo-Hierarchie ist in Bild 10.31 dargestellt. Die halben Noten in diesem Ausschnitt die Mutteragogik. Sie haben als Töchter die Arpeggio-Tochter und die Triller-Tochter. Die Arpeggio-Tochter hat dazu noch eine Arpeggio-Enkelin.

 Audio 13: Diverse Versionen Chopin: Flach (= Deadpan), Anfänger, „Alter Barenboim", „Pollini"

Hier höre man sich ein Beispiel der Gestalung des Hauptthemas der „Kunst der Fuge" an, wo ein melodisches Gewicht auf Agogik, Artikulation und Dynamik angewendet wird (siehe Bild 10.27 für die einzelnen Phasen).

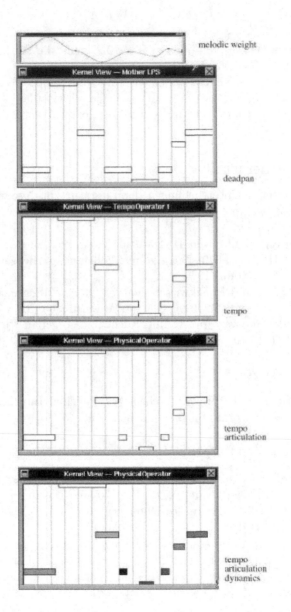

Abbildung 10.27: Tempo-Veränderung mit dem MeloWeight beim 8-tönigen Hauptthema der „Kunst der Fuge" (hier auf der ursprünglichen NEXTSTEP-Implementation)

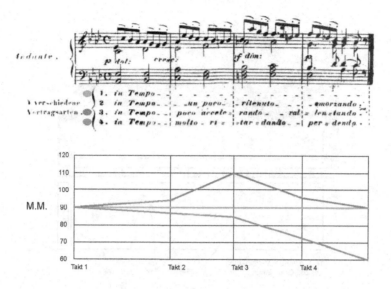

Abbildung 10.28: Czerny nach Zahorka

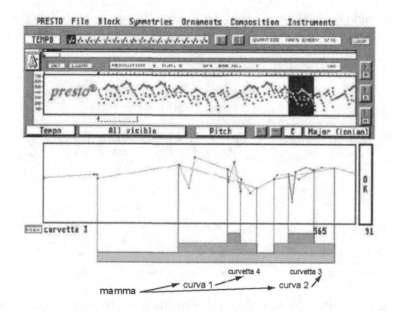

Abbildung 10.29: presto-Bild der Hierarchie

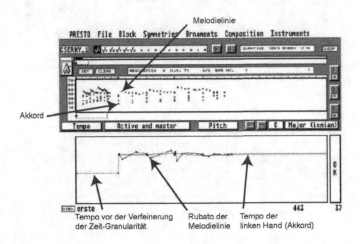

Abbildung 10.30: presto-Bild der Czerny-Hierarchie nach Zahorka

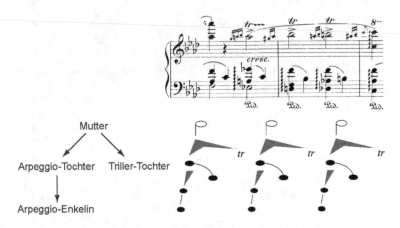

Abbildung 10.31: Partitur und Hierarchie in Chopins „Impromptu" op. 29: Ausschnitt mit Triller und Arpeggi

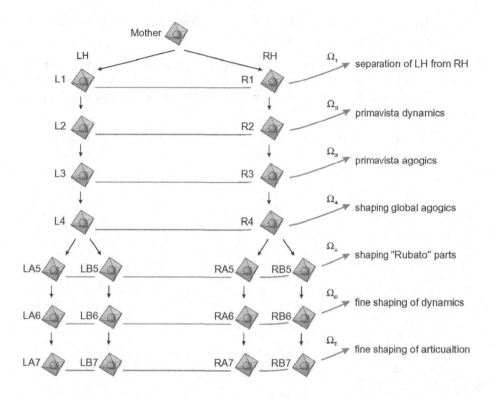

Abbildung 10.32: Stemma der RUBATO-Gestaltung

Audio 14: Hauptthema „Kunst der Fuge" und dessen Gestaltung mit der PerformanceRUBETTE

Als Beispiel noch eine kurze Sequenz einer Interpretation der „kuriosen Geschichte", die wir 1996 mit dem Bösendorfer-MIDI-Flügel an der Staatlichen Hochschule für Musik in Karlsruhe als ersten Test hergestellt hatten (Bild 10.32 zeigt das Stemma):

Audio 15: „Kuriose Geschichte": Deadpan (Prima Vista, keine Gestaltung!)

Audio 16: „Kuriose Geschichte": Gestaltung mit RUBATO

Audio 17: Vergleich mit Interpretation Martha Argerich (Ausschnitt)

Audio 18: „Kuriose Geschichte": Vergleich mit Interpretation Tatjana Nikolajewa (1992, Ausschnitt)

Und zum Schluss wollen wir die Grenzen der Interpretation am Sopran der unvergleichlichen Florence Foster-Jenkins erkunden: „Das Wunder der menschlichen Stimme". Wir sehen daran die Problematik der Interpretation und die Aufgabe einer Performance-Forschung.

Audio 19: Florence Foster-Jenkins: „Die Königin der Nacht" aus Mozarts „Zauberflöte" (Ausschnitt)

Kapitel 11

Computergestützte Komposition

Übersicht. In diesem Kapitel werden wir drei Konzepte von Kompositionssoftware diskutieren. Dabei ist es weniger wichtig, wie neu oder aktuell die Programme sind, die wir uns vornehmen, als wie ihr Konzept generell funktioniert. Denn die existierenden Konzepte bleiben, im Gegensatz zu den Versionen, relativ lange bestehen.

Wir diskutieren zuerst das, was man als ganz normale Sequenzer-Software kennt, am Beispiel des LOGIC-Progamms der Hamburger Firma e-magic (vormals C-Lab, inzwischen ganz durch Apple einverleibt), dann das auf dem syntagmatischen LEGO-Prinzip basierende MAX-Programm und schliesslich das paradigmatisch konzipierte presto-Programm. Zum Abschluss werden wir uns mit globalen Strukturen in Musik und Mathematik beschäftigen.

$$- \Sigma -$$

11.1 Standard-Sequenzer LOGIC

Sequenzer-Programme sind heute sehr verbreitet und haben auch eine relativ stabile Funktionalität erreicht. Wir betrachten einen der am meisten verbreiteten und erprobten Sequenzer, das Programm LOGIC (vormals NOTATOR) von e-magic.

Ein Sequenzer ist eine vor allem an MIDI gekoppelte Software, die das Paradigma eines Tonbandgerätes als Software übernimmt und natürlich mit den entsprechenden Verbesserungen versieht. Das heisst, ein Sequenzer erlaubt dies:

- **Aufnahme**: MIDI-Signale von Synthesizern, die durch Musiker bespielt werden, in den Arbeitsspeicher übernehmen und als MIDI-File speichern. Eingabe ist manchmal auch durch Maus-Eingabe (Zeichnen) möglich.

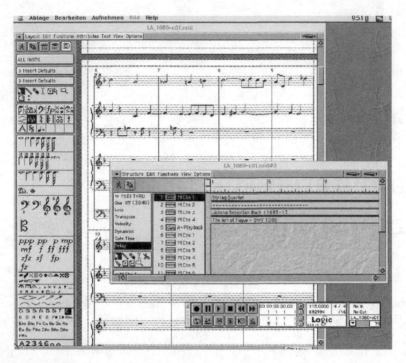

Abbildung 11.1: Sequenzer-Software I, Logic, Version 1999

- **Wiedergabe**: Im Arbeitsspeicher geladene Musikdaten, die man eben einge-
  spielt hat oder aus MIDI-Files geladen hat, als MIDI-Daten an Synthesizer-
  Instrumente abzugeben.

- **Darstellung**: Die geladenen Musikdaten können in diversen Formaten visua-
  lisiert werden: Als Partitur (SCORE), als Pianola-Balken (MATRIX), als
  Texte (EVENTLIST).

- **Bearbeitung**: Die im Arbeitsspeicher befindlichen Daten können graphisch-
  interaktiv (Maus, Scrollbars etc.) in allen Darstellungsmodalitäten und bis
  zu einem gewissen Grad für die Performance verändert werden.

Das Paradigma des Tonbandes wird ganz prominent auch in der Aufteilung in
Tracks oder Spuren übernommen, also Teilen des gesamten Musikstücks, die aus
Gründen der Stimmenverteilung oder einfach organisatorisch in getrennten Berei-
chen verarbeitet werden.

Bild 11.1 zeigt drei Fenster von LOGIC: Das grosse Fenster ist die Score-
Darstellung der Musikdaten. Wir sehen einen Ausschnitt aus der „Kunst der Fuge". Links im Bild sind die Partitursymbole angebracht, welche man zur Veränderung der Score anklicken und einsetzen kann. Links oben sieht man (ganz klein)
die in allen Texteditoren bekannte Auswahl des Cursors zwischen Pfeil, Bleistift

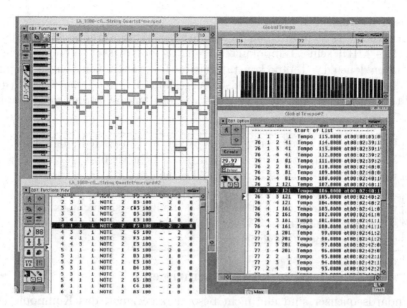

Abbildung 11.2: Sequenzer-Software II, Logic, Version 1999

und Radiergummi. Das Ausdrucken der Partitur ist natürlich möglich und eine von den Benutzern sehr geschätzte Funktion. Das mittlere Fenster zeigt dieselbe Komposition als Schichtung von vier Spuren, die je noch Namen tragen, hier einfach „String Quartet" in der ersten Spur etc. bis „The Art of Fugue - BWV 1080" in der vierten Spur.

Man kann Spuren einzeln bearbeiten, sie zusammenmischen (mergen), kopieren, etc. Das Konzept der Spuren ist eine typische globale Technik der Überdeckung des Musikstücks durch quasi-geographischen Karten, über die wir im Abschnitt über die Software presto noch ausführlicher sprechen werden.

Rechts unten sieht man das „Transportfenster" (schlechter Name!). Hier kann man die elementaren Tonband-Abspielfunktionen aufrufen: Play, Stop, Fast Forward, Fast Back, Interrupt, etc. Hier ist es auch möglich, das momentane Tempo neu zu setzen, typisch mit Doppelklick auf die Tempozahl.

Bild 11.2 zeigt links oben die bekannte Pianola-Darstellung im Matrix-Fenster des Musikmaterials. Die Balken können verschoben werden, gestreckt oder gestaucht und an allen Parametern (vornehmlich graphisch-interaktiv) editiert werden. Die Farben der Balken stehen für veränderte Objekte oder für Klangfarben (MIDI-Instrumente). Unten links sicht man die entsprechende Information als textuelle Darstellung (entsprechend hässlich) in einer Liste aufgeführt, wobei jede Zeile ein Event darstellt. Links kommt zuerst die Position der Einsatzzeit im Taktgefüge, dann die Objektsorte (NOTE), die MIDI-Kanalnummer, der Programmchange, die Velocity, die Dauer, alles in Vierteln, Achteln, etc., also klassisch musikalischen Grössen.

Oben rechts sieht man einen Ausschnitt der Tempo-Treppen-Struktur. Wir wissen, dass MIDI keine Tempokurven, sondern nur diskrete Tempo-Ereignisse hat, zwischen denen das Tempo konstant bleibt. Diese Folge von Tempoereignissen wird in der rechts unten sichtbaren Liste dargestellt. Während man diese Liste als Text editieren kann, ist das natürlich in der obigen Tempo-Graphik auch graphisch möglich.

> Dies ist auch wieder ein Gegenbeispiel zu Datenfriedhöfen. Die Musikdaten sind zwar in allen Formaten sichtbar und erkennbar, wie man es aus klassischen Papier-Dateien kennt. Man kann aber alles auch stets verändern. Es sind Zeichen, die ihre Bedeutung weitgehend „verinnerlicht" haben. Wir müssen sie nicht exklusiv selber wiederherstellen. Wissen liegt also viel mehr als früher vor uns und ist operationalisiert.

11.1.1 Die beiden Kompositionsprinzipien

Die Standardsequenzer sind alle nicht besonders geeignet, das Komponieren im engeren Sinne und auf intelligente Weise zu unterstützen. Das heisst, man spielt entweder über MIDI ein, oder man schreibt halt Note für Note, wie früher die Komponisten, in die entsprechenden Fenster. In diesem Sinne ist der Sequenzer ein altertümliches Werkzeug, etwas zwischen Tonbandgerät und Notenschreibmaschine. Komposition im engeren Sinne wird durch andere Software unterstützt. Es gibt dazu zwei grundsätzliche verschiedene Ansätze. Diese orientieren sich an den grundlegenden Saussureschen Achsen aller Zeichensysteme: Der Syntagmatik und der Paradigmatik.

- Komponieren unter dem Prinzip der Syntagmatik bedeutet, dass man die Musikzeichen als Syntagma nebeneinander setzt, also ihre Position in präsentia setzt. Man komponiert, wie man spricht: Wort für Wort!

- Komponieren unter dem Prinzip der Paradigmatik bedeutet, dass man die Musikzeichen nicht primär als Syntagma aussetzt, sondern auf paradigmatische Verwandtschaft achtet, also auf Position in absentia.

Es ist offenkundig, dass das syntagmatische Komponieren viel leichter und „automatischer" geht als das paradigmatische Verfahren. Wir werden das nun anhand zweier typischer Vertreter dieser Ansätze genauer diskutieren.

11.2 Die syntagmatische Software MAX

MAX steht für Max Mathews, den Pionier, welchem wir schon in der Klangsynthese begegnet waren. Die Software MAX, welche seit 1985 von Miller Puckette und Dave Zicarelli entwickelt wurde und nun von der Firma Opcode vertrieben wird, ist ein typisches syntagmatisches Kompositions-Werkzeug.

MAX verfolgt ein graphisches Konzept, welches dem der visuellen Programmierung entlehnt ist. Man setzt wie damals in der Music N die Unit Generatoren nun Kästchen auf dem Bildschirm aus und verbindet sie mit „Kabeln", so dass sie aufeinander einwirken und Befehle austauschen, Zahlen weitergeben, und so schliesslich Klänge und Klanggestaltungsregeln ausgeben. Das kann als MIDI oder als Audio-Signal geschehen, es spielt keine Rolle.

Die Funktionsgruppen von MAX heissen Patcher Object und sind Agglomerate, die aus drei Objekt-Sorten zusammengesetzt sind (siehe Bild 11.3):

- Message Box

- Control Object

- Signal-processing Object

Die Konfiguration eines Patcher-Objekts kann man im Edit-Mode verändern und im Run-Mode laufenlassen, das heisst drauf klicken etc.

Die Message Boxes senden Botschaften quasi „drahtlos" an sogenannte receiver objects (controller), die dann diese Botschaften weiterleiten. In unserem Beispiel werden unter Nummer 1 die Message Boxes für den Start und die Beendigung einer Klang-Generierung benutzt.

Die start-Botschaft geht an das [receive dac] object unter Nummer 2 (dac =digital to audio converter). Dies sagt dem Signalprocessing-object [dac~], es soll den Oszillator [osc1~] laufen lassen. Die Frequenz des Oszillators wird durch das Objekt [receive freq] definiert, welche dem Controller [sig~440], welcher grundsätzlich 440 Hz sendet, eingegeben wird. Das Multiplikator-Objekt [*~] macht dann die richtige Frequenz aus den 440 Hz.

Die Frequenz ihrerseits wird durch das Control-Objekt [send freq] definiert, welche aus dem MIDI-Noteneingang [notein] die MIDI-Botschaft aus der Hardware des Systems bekommt. Das Controller-Objekt [stripnote] nimmt von der MIDI-Botschaft alles bis auf die Note-ON-Botschaft weg und sendet die MIDI-Key weiter, aus der eine Frequenz erzeugt wird, da ja die MIDI-Sprache bekannterweise keine direkte Frequenz angibt.

Die Hüllkurve des Klanges schliesslich wird durch das Objekt [line~] definiert, welches so die Botschaft der Amplitude (der Lautstärke) überträgt, welche von der Message Box oben links mit der Amplitudenmeldung „amp 0.1 1000" kommt. Das bedeutet, dass für eine Dauer von 1000 ms die Amplitude vom Ausgangswert 0 am Anfang auf 0.1 gehen soll. Dort bleibt die Amplitude, bis wir eine nächste Anweisung geben. Die anderen Boxen bei Nummer 3 sagen, dass die Amplitude während der Dauer von 2000 ms auf 0.1 gehen soll. Das ist während des

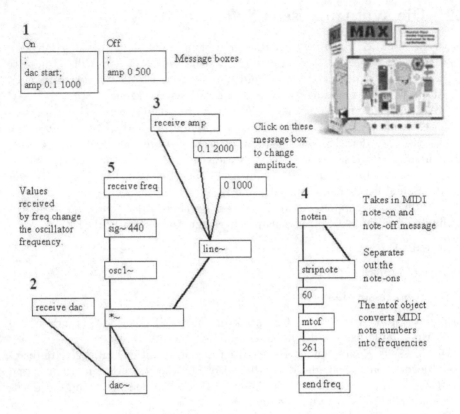

Abbildung 11.3: Ein Patch von MAX

Ablaufs frei einstellbar. Wir erkennen hier die radikal syntagmatische Situation: Realtime Composition, es passiert alles dem syntagmatischen Faden der realen physikalischen Zeit entlang!

Wir erkennen die gleichen Strukturen wie früher in unserem Klangmodell aus Wave, Envelope und Support (Bild 3.2).

Wie MAX in einer künstlerischen Anwendung funktioniert, zeigt Bild 11.4. Essls Komposition „Lexikon-Sonate" ist auf dem Netz zugänglich und kann bedient werden (siehe http://www.essl.at/works/Lexikon-Sonate.html). Sie ist aus modernen Klavierstilen hervorgegangen und soll den Hypertext-Roman „Lexikon-Roman" als variable Musikspur begleiten. Hier Essls Text im Internet:

Lexikon-Sonate is a work-in-progress which was started in 1992. Instead of being a composition in which the structure is fixed by notation, it manifests itself as a computer program that composes the piece - or, more precisely: an excerpt of a virtually endless piano piece - in real time. Lexikon-Sonate lacks two characteristics of a traditional piano piece:

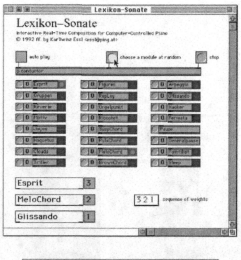

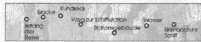

Abbildung 11.4: Lexicon-Sonate von Karlheinz Essl

- *there is no pre-composed text to be interpreted, and*

- *there is no need for a pianist or an interpreter.*

Instead, the instructions for playing the piano - the indication „which key should be pressed how quickly and held down for how long“ - are directly generated by a computer program and transmitted immediately to a player piano (or a MIDI synthesizer) which executes them.

Navigation map of the electronic Lexikon-Roman (©1992-98 by Libraries of the Mind)

The title Lexikon-Sonate refers to the „Lexikon-Roman“, written in 1968-70 by the Austrian-Slovakian author Andreas Okopenko.

11.3   Die paradigmatische Software presto

Am mathematischen Institut der Universität Zürich verfolgten wir anfangs der achziger Jahre analytische Aufgabenstellungen und wollten vor allem graphische Konfigurationen im Sinne der Geometrie transformieren. Nach Entwürfen auf der Basis von Magnetstift-Zeichnungen und Lämpchen etc. kamen damals die ersten Mikro-Computer und Synthesizer auf dem Markt. Wir konnten unsere

Abbildung 11.5: Erster Musik-Computer (30'000.- CHF) von 1980 (l); zusammen mit dem Autor (r)

Vorstellungen erstmals realisieren (Bild 11.5). Auf Bild 11.6 sehen Sie die „Tonmatrix", eine Ebene, worauf man Tonhöhe und Einsatzzeit von Tönen angeordnet hatte.

Im Frühling 1984 wurde dieser Computer im Rahmen des Oster-Symposiums zum Thema „Musik und Mathematik" in Salzburg Herbert von Karajan vorgestellt. Das Wesentliche an unserem Ansatz war nicht die graphische Darstellung, sondern die Transformation und Kombination von Musikmaterial. Darin geht der Ansatz wesentlich über den von Xenakis hinaus.

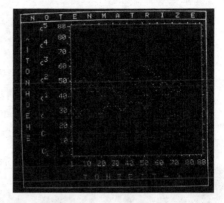

1987-1988 folgte die Entwicklung des ersten Prototypen von presto („Music Designer Z71") in Zusammenarbeit mit der FhG / AGD von Professor Encarnaçao in Darmstadt und auf Empfehlung von Herbert von Karajan. In den Jahren 1989-1994 folgten

Abbildung 11.6: Tonmatrix

Implementierung und Upgrading von presto bis Version 2.02. Heute steht eine Version davon auf einem Atari-PC im Computermuseum von Siemens-Nixdorf in Paderborn.

Beispiele von presto-Kompositionen:

Audio 20: Kinderszene 1 (Argerich) „Von fremden Ländern und Menschen"

Audio 21: Kinderszene 1 verfremdet: "Mystery Child"

Audio 22: Charles Baudelaire: „Les Fleurs du mal/La mort des artistes": Prosodie und poetische Funktion im Sinne Roman Jakobsons. (CD: Guerino Mazzola: Synthesis, 3. Satz)

11.4   Globale Strukturen in Musik und Mathematik

Es gibt etwas in der Musikstruktur, welches man aus der Geographie kennt: Karten und Atlanten!

Mathematiker haben dies mit Bernhard Riemann (Habilitation 1854) als Mannigfaltigkeiten formal eingeführt. Gleichzeitig (1854: Vom Musikalisch Schönen) hat auch Eduard Hanslick musikalische Struktur als zusammengesetzt (Kaleidoskop aus Teilen) verstanden (Bild 11.7).

Wolfgang Graeser hat in seiner Arbeit Bachs Kunst der Fuge (1924, da war Graeser erst 18 Jahre alt. Selbstmord mit 24 Jahren!), damals noch vollkommen

Abbildung 11.7: Bernhard Riemann (l) und Eduard Hanslick (r) 1854

avantgardistisch, da die Mengenlehre noch nicht Allgemeingut war, folgendes geschrieben:

Bezeichnen wir die Zusammenfassung irgendwelcher Dinge zu einem Ganzen als eine Menge dieser Dinge und die Dinge selber als Elemente der Menge, so bekommen wir etwa das folgende Bild einer kontrapunktischen Form: eine kontrapunktische Form ist eine Menge von Mengen von Mengen. Das klingt etwas abstrus, wir wollen aber gleich sehen, was wir uns darunter vorzustellen haben. Bauen wir einmal ein kontrapunktisches Werk auf. Da haben wir zunächst ein Thema. Dies ist eine Zusammenfassung gewisser Töne, also eine Menge, deren Elemente Töne sind. Aus diesem Thema bilden wir eine Durchführung in irgendeiner Form. Immer wird dies Durchführung die Zusammenfassung gewisser Themaeinsätze zu eine Ganzen sein, also eine Menge, deren Elemente Themen sind. Da die Themen selber Mengen von Tönen sind, so ist die Durchführung eine Menge von Mengen. Und eine kontrapunktische Form, ein kontrapunktisches Musikstück ist die Zusammenfassung gewisser Durchführungen zu einem Ganzen, also ein Menge, deren Elemente Mengen von Mengen sind, wir können also sagen: eine Menge von Mengen von Mengen.

Es gibt einen wesentlichen Unterschied zwischen Mannigfaltigkeiten in der Mathematik und Geographie einerseits und der Musik andererseits: Die Wahl der Karten! In der Musik ist sie nicht beliebig, in der Mathematik aber kann man alles

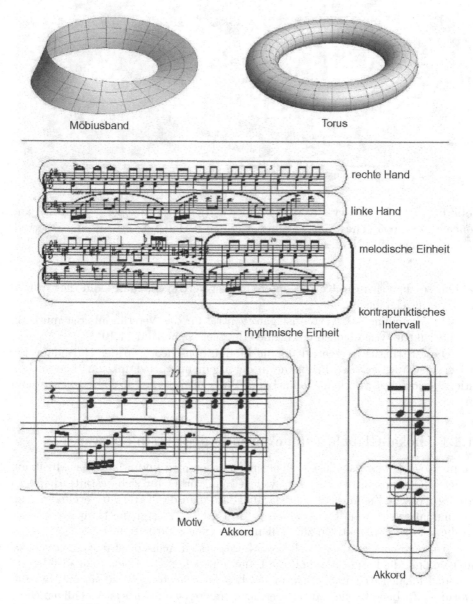

Abbildung 11.8: Mannigfaltigkeit in Musik und Mathematik

 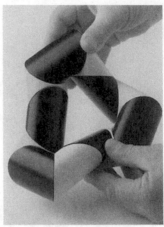

Abbildung 11.9: Escher: Konvex-Konkav (l). M.C. Escher's Convex and Concave"© 2006 The M.C. Escher Company–Holland. All rights reserved. www.mcescher.com; Naef: Ellipso (r)

wählen, solange sich die Karten untereinander vertragen. Man kann dies in Bild (11.9) veranschaulichen.

Die Verteilung der Karten ist ganz zentral für das Verständnis der musikalischen Struktur. Wir machen ein kleines Beispiel (siehe Bild 11.10).

Diese Struktur ist zentral für die Modulationstheorie in der Harmonielehre und erklärt auch gewisse Probleme in der Riemannschen Funktionstheorie: Orientierungslosigkeit auf dem Möbiusband. Wir gehen darauf hier aber nicht weiter ein.

11.4.1 Lokal-Globale Perspektiven in der presto-Software

Die presto-Software hat diese Erkenntnis übernommen und erlaubt es, Musik aus lokalen Teilen zusammenzukleben, welche man vorher für sich gestaltet hat. Der paradigmatische Zugang entsteht daraus, dass man die Karten untereinander als paradigmatisch verwandt auswählen kann. Bild 11.12 zeigt die Hauptwerkzeuge, um die lokalen Perspektiven zu wählen und damit zu arbeiten.

Auf der Score kann man neben der horizontalen Achse der Einsatzzeit vertikal die Tonhöhe, die Lautstärke und die Dauer einstellen. Die Local Score Bild 11.13 zeigt den lokalen Arbeitsbereich, in welchem man auch noch kleine, und beliebig geformte „Färbepolygone", also Bereiche, definieren kann. Dies ist viel allgemeiner, als in den normalen Sequenzern, in welchen man nur mit Tracks oder darin mit Rechtecken arbeiten kann.

In der lokalen Score kann man alle möglichen Kombinationen von 2 Parametern wählen EH, ED, EL, HL, HD, LD (Bild 11.14). In jeder Ebene kann man alles

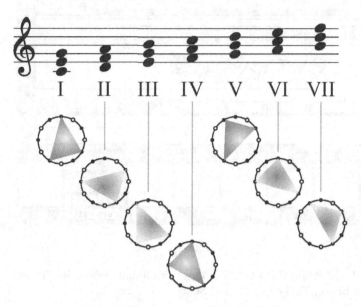

Abbildung 11.10: Die sieben Karten der Dreiklang-Interpretation der Dur-Tonleiter

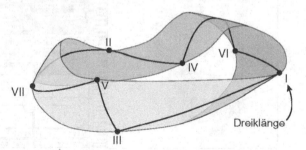

Abbildung 11.11: Das Möbiusband des Zusammenhangs dieser Karten

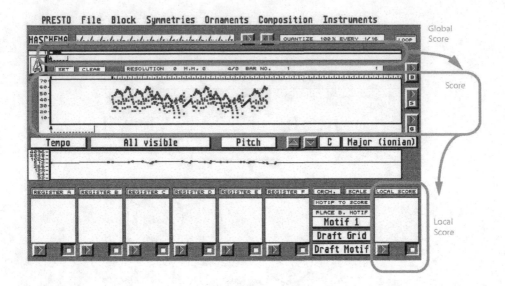

Abbildung 11.12: Hauptbild (11'360 Ticks = Global Score, 568 Ticks = Score = 1/20 Global Score, 71 Ticks = Local Score = 1/8 Score)

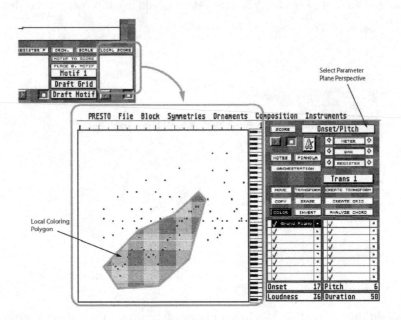

Abbildung 11.13: Local Score, inklusive Parameterebenen-Wahl. Ferner die Definitionsmöglichkeit eines Färbepolygons

tun, keine Ebene ist bevorzugt für die möglichen Operationen. Dies ist natürlich eine ideale Spielwiese für die serielle Musik.

11.4.2 Mengentheoretische Operationen auf Karten

Die Karten lassen sich nun auch mit mengentheoretischen Operationen kombinieren, also in ein Patchwork verwandeln. Dies ist eine der auch von Xenakis im UPIC anvisierten Kombinationsarten von „Partiturseiten" (siehe Bild 11.15).

Sie lassen sich natürlich auch auf den Färbepolygonen vornehmen, zum Teil dadurch, dass man Färbepolygone als Register kopiert.

11.4.3 Transformationen

In der Score kann man alle Operationen des Kontrapunktes: Krebs, Umkehr, Krebsumkehr, Transposition, in der jeweiligen Ebene ausführen (also auch etwa in EL!)

In der Local Score kann man alle möglichen Verschiebungen plus alle möglichen Matrixtransformationen (=affine Transformationen) des 4D-Raumes EHLD durchführen (Bild 11.16).

Jede (affine) Transformation (mit ganzzahligen Koeffizienten) im n-dimensionalen Raum lässt sich als Verkettung auffassen von:

- Transposition um 1 nach oben

- Krebs-Spiegelung

- Parametertausch E mit jedem der anderen Parameter

- Arpeggio horizontal (Scherung)

- n-fache (positive) Augmentation in der E-Achse

Auf der lokalen Score von presto sind das insgesamt stolze

$$10'445'260'466'832'483'579'436'191'905'936'640'000 = 1.0445 \cdot 10^{37}$$

Möglichkeiten (das ist die Kardinalität der allgemeinen affinen Gruppe über $\mathbb{Z}_{71}^4$). Demgegenüber ist die Zahl der Sterne in einer Galaxis „nur" rund 10^{11}.

Wir wollen das am zweiten Satz der Synthesis-Komposition von Guerino Mazzola für Klavier, Perkussion und E-Bass erläutern (auf CD STOA 71001, 1991).

11.4.4 Die Variationsstrategie des 2. Satzes: Messiaen-Raster als Ornamente

Wir starten hier mit Messiaen-Rastern links in Bild 11.18. Dabei sind Messiaen-Skalen die üblichen Skalen mit beschränkter Transponierbarkeit, also Ganztons-

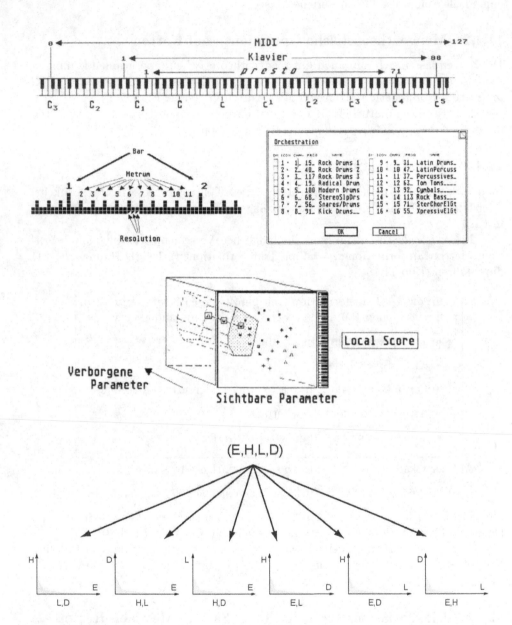

Abbildung 11.14: Alle sechs presto-Ebenen, klassische Darstellung

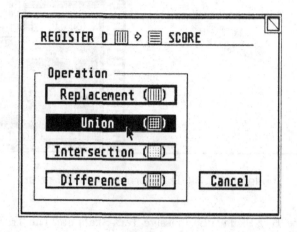

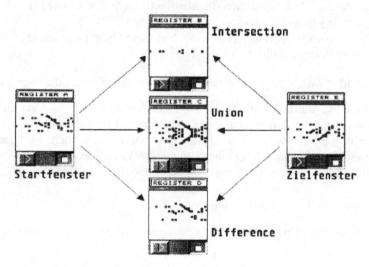

Abbildung 11.15: Boolesche Operationen in presto, klassische Darstellung

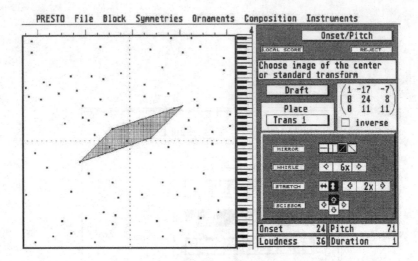

Abbildung 11.16: Transformationen auf presto

kala, verminderte Terz-Skala, übermässige Terz-Skala etc. Die Transformation als „Symmetrisierung": Wir verdrehen die Messiaen-Raster, wie es in Bild 11.18 rechts zu sehen ist. Für jeden der 9 Raster zu Messiaen M1 × M1 bis M3 × M3 kann man nun die Grundmelodie G (Bild 11.17) der Synthesis-Komposition nehmen und in diese Raster verformen: Bild 11.19.

   Audio 23: „Synthesis": Die Variationen mit Klavier durchgespielt

Die globale syntagmatische Strategie des 2. Satzes ist diese: Die Variationen werden zusammen mit der Sonifizierung der strukturellen Ursachen gespielt, das heisst es wird nicht nur die Variation ausgeführt, sondern auch noch die Ursache und Struktur der Variation auskomponiert, bevor die Variation stattfindet (siehe Bild 11.20). Bild 11.21 zeigt die auskomponierte Struktur und den Übergang.

   Audio 24: „Synthesis": Ganzer 2. Satz

   Besprechungen über die restlichen Sätze sind im Buch „The Topos of Music" [19] zu finden.

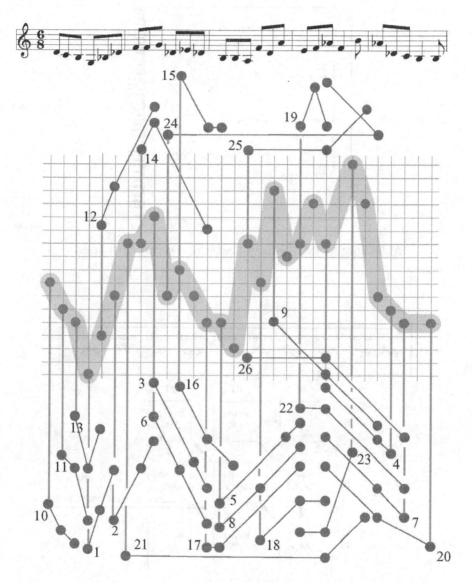

Abbildung 11.17: Grundmelodie von Synthesis: aus Dreiermotiven zusammengesetzt

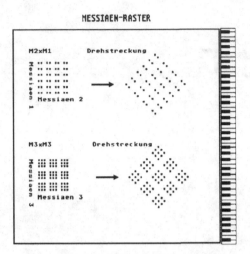

Abbildung 11.18: Messiaen-Raster und deren Drehungen

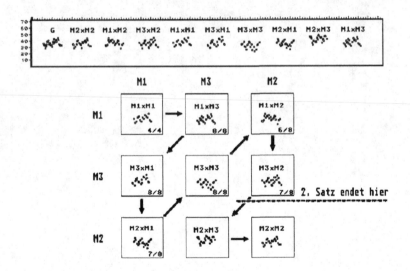

Abbildung 11.19: Die Originalmelodie und 9 Variationen derselben; das ist typisch paradigmatisch! Die Verwandtschaften sind nicht nebeneinander gesetzte, sondern durch abstrakte Ähnlichkeit erzeugte

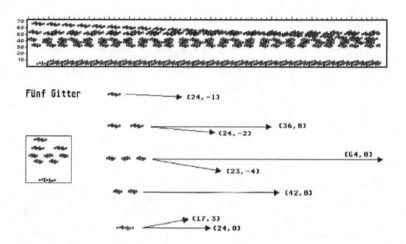

Abbildung 11.20: Präparation einer rhythmischen Struktur für eine Variations-Ursache (M3 × M3)

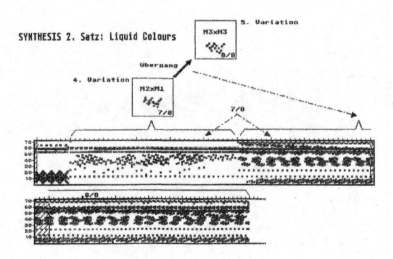

Abbildung 11.21: Die auskomponierte Struktur und der Übergang

Kapitel 12

Navigation im Begriffsraum der Musik

Übersicht. Die Orientierung im Begriffsraum der Musik erfordert eine totale Ordnung unter den Denotatoren. Diese Ordnung wird auf folgenden Seiten erläutert. Zum Abschluss werden aktive und passive Navigation angeschaut und unterschieden.

$$- \Sigma -$$

Wir hatten schon in Kapitel 8 den enzyklopädischen Rahmen der Theorie der Formen und Denotatoren vorgestellt. Darin war es neben dem Aurouxschen Kriterium der Einheit und Vollständigkeit auch um Diskursivität gegangen, einer Forderung nach Orientierung, die klassisch als alphabetische Ordnung vorliegt. Und im weiteren Sinne auch als Geographie der Wissenslandschaft, wie sie das „Tableau figuré" (Bild 8.3) skizziert. Während die alphabetische Ordnung eine präzise ist, spielt die geographische Ordnung eine doppelte Rolle: Einerseits ist sie Ordnung, andererseits ist sie auch ein Instrumentarium begrifflicher Orientierung, nur ist ihre Ordnung hier nicht spezifiziert.

Wir wollen uns daher fragen, ob es allgemeine Ordnungsprinzipien geben könnte, die der Architektur der Formen und Denotatoren entsprechen und welche den Spezialfall der alphabetischen Ordnung natürlich einschliessen. Wenn wir das erledigt haben, sind wir auch imstand, genauer zu sagen, was denn eigentlich „Navigation" bedeuten soll.

Wir wollen hier Ordnung als totale Ordnung „<" auffassen, das heisst für je zwei Objekte x, y eines geordneten Bereichs ist immer

$$entweder \ x = y$$

oder dann

$$entweder \ x < y \ oder \ y < x \ (nie \ beides \ zugleich).$$

Ferner ist

$$mit \ x < y \ und \ y < z \ immer \ x < z$$

(Transitivität der Ordnung).

12.1   Totale Ordnung unter den Denotatoren

Wir konzentrieren uns in diesem Zusammenhang auf Formen, die nicht zirkulär definiert sind, die also nach einem endlichen „Abstieg" in ihre Koordinatoren zu Simple-Typen gelangen. Das vereinfacht die Diskussion für unseren Rahmen.

Daher starten wir mit Ordnung auf Denotatoren des Typs Simple. Wir haben dann jeweils als Denotatoren Objekte der Gestalt

$$Denotator Name : @Form(c)$$

wobei c ein Element von <ASCII>, Boole, $\mathbb{Z}$ oder $\mathbb{R}$ ist. All diese Koordinatoren sind klassisch bekannt als total geordnete Bereiche (siehe auch Bild 12.1):

- <ASCII>ist als Menge der Wörter lexikographisch geordnet, das heisst man deklariert das leere Wort als das kleinste aller Wörter. Und man ordnet das Alphabet, also die Wörter der „Länge" 1, bereits in seiner natürlichen Ordnung. Ferner vergleicht man zwei verschiedene nicht-leere Wörter so: Seien

$$x = a_1 a_2 \ .... \ und \ y = b_1 b_2 \ ....$$

  Dann ist $x < y$ falls $a_1 < b_1$, oder falls $a_1 = b_1$ und die Restwörter $a_2... < b_2...$ erfüllen.

- Boole = NO, YES ordnet man „optimistisch" gemäss $NO < YES$.

- $\mathbb{Z}$ und $\mathbb{R}$ sind mit der bekannten Ordnung unter Zahlen versehen.

Die Ordnung auf Wörtern kann man zuerst mal grundsätzlich benutzen, um die simplen Denotatoren grob zu „sortieren" nach den auftretenden Strings: man ordnet zwei Denotatoren

$$x = x_{DenotatorName} : @x_{Form}(x_c),$$
$$y = y_{DenotatorName} : @y_{Form}(y_c)$$

zuerst lexikographisch nach dem Namen der Formen, dann lexikographisch nach den Denotatornamen und schliesslich (wenn also sowohl Form-Name als auch Denotator-Namen übereinstimmen) nach den Koordinatoren, die nun ja aus ein und demselben einfachen Koordinator stammen müssen.

Übung 8. Die Formen: $H : .Simple(\text{<ASCII>})$, $L : .Simple(\text{<ASCII>})$, die Denotatoren $x = hoehe : @H(c7)$, $y = laut : @L(mf)$, wegen $H < L$ haben wir $x < y$. Entscheide über $x = hoehe : @H(c7)$, $y = hoehe : @H(cis6)$ (Beachte: In ASCII kommen einstellige Zahlen vor Buchstaben).

Um nun Denotatoren den anderen Typen zu vergleichen, ordnen wir (willkürlich, aber nicht ohne Sinn für mathematische Komplexität) die Typensymbole so: $Simple < Syn < Product < Coproduct < Powerset$.

Wir sortieren dann zwei Denotatoren x, y zuerst nach den Typen ihrer Formen. Wenn $Typ(x) < Typ(y)$, setzen wir $x < y$.

Innerhalb der Denotatoren gleichen Typs sortieren wir nach den Form-Namen, die ja als ASCII-Wörter geordnet sind. Wenn x und y die gleiche Form haben, sortieren wir sie nach Denotator-Namen, auch wieder ASCII-Wörter.

Wir sind jetzt bei dem Fall angelangt, bei welchem x und y alles gleich haben bis auf die Koordinaten. Wir können uns also auf die Koordinaten von x und y konzentrieren, alles andere ist gleich, also

$$x = DenotatorName : @Form(x_c),$$
$$y = DenotatorName : @Form(y_c).$$

Den Fall der Simple-Typen haben wir schon abgehakt. Für die anderen Fälle gehen wir so vor (siehe Bild 12.2).

- Typ = Syn. Dann ist die Koordinate ein Denotator im Koordinator der Form und diese Denotatoren haben wir im rekursiven Abstieg schon total geordnet.

- Typ = Coproduct, und die Koordinatoren bilden eine Folge $F_1, F_2, ...F_k$ von Formen. Dabei ist $x_c : @F_i(...)$ und $y_c : @F_j(...)$. Wenn $i < j$, setzen wir $x < y$. Sonst aber ist $i = j$ und wir wissen auf der Form F_i schon, dass $x_c < y_c$ oder $y_c < x_c$. Entsprechend setzen wir auch (wie bei einfachen Denotatoren) $x < y$ oder $y < x$. Diese Ordnung ist die einer geordneten Bibliothek (Bild 12.2).

- Typ = Product, und die Koordinatoren bilden eine Folge $F_1, F_2, ...F_k$ von Formen (siehe Bild 12.3, mit etwas anderen Notationen). Die Koordinaten sind nun bei x und bei y je eine Folge

$$x_c = (x_1, x_2, ...x_k), y_c = (y_1, y_2, ...y_k)$$

von Denotatoren in $F_1, F_2, ..., F_k$. (Wir nehmen an, dass die Formen-Namen die Formen eindeutig, also nicht homonym kennzeichnen. Damit werden also die Koordinatoren gleich, sobald es die übergeordneten Formen-Namen wie

Ordnung auf den vier Simple Denotator Formen

STRINGS   Alphabetische Ordnung
(als Funktion der Alphabet-Ordnung: "" < "a" < "b" < ...)
"accel" < "accelerando" < "Beethoven" < "Cortot" < "prestissimo"

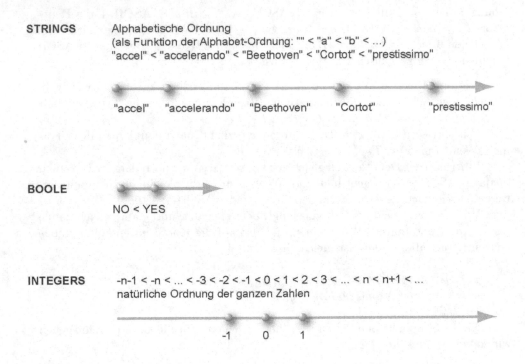

BOOLE

NO < YES

INTEGERS   -n-1 < -n < ... < -3 < -2 < -1 < 0 < 1 < 2 < 3 < ... < n < n+1 < ...
natürliche Ordnung der ganzen Zahlen

FLOATS   natürliche Ordnung der Dezimalbrüche

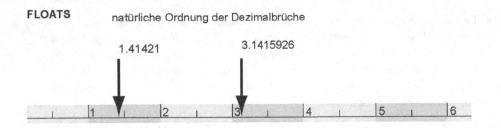

Abbildung 12.1: Totale Ordnungen auf den vier einfachen Koordinatoren; bei STRINGS haben wir statt der ASCII-Ordnung, bei der Grossbuchstaben vor Kleinbuchstaben kommen, die übliche Ordnung für Lexika benutzt.

Ordnung auf Compound Denotators

Generalvorraussetzung rekursiver "Vererbung"

Die Ordnung sei auf den Koordinatoren schon gegeben!

Ordung auf den Typen SYNONYM und COPRODUCT

Syn
Synonym

Dies völlig trivial: Man übernimmt die Ordnung des Koordinators F.

II
Coproduct

Haben als Koordinator Folge $(F_1, F_2, .., F_n)$
von n Formen, die schon gedreht sind durch $<_i$

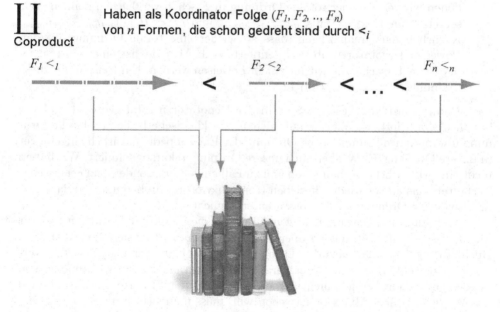

Abbildung 12.2: Ordnung unter nicht-simplen Denotatoren

in unserem Falle sind). Wir ordnen dann diese k-Tupel lexikographisch, das heisst es ist $x_c < y_c$, sobald die ersten Koordinaten x_i, y_i, bei der sie sich unterscheiden, $x_i < y_i$ erfüllen.

Ein Beispiel sieht man in Bild 12.3, unten: Wir haben den Raum der Klavier-Noten und betrachten die ersten beiden Koordinaten Onset und Pitch. Die Töne der Partitur sind geordnet in der Reihenfolge des durch alle Noten gezogenen Pfeils. Diese Ordnung ist also ganz natürlich: Zuerst die Noten der Einsatzzeit nach geordnet, dann bei gleicher Einsatzzeit der Tonhöhe nach, etc.

- Typ = Powerset, und also Koordinator = Form F (siehe Bild 12.4).

  Wir geben zwei Denotatoren P und Q, also im wesentlichen Mengen, deren Koordinaten alle Denotatoren von der Form F sind. In Bild 12.4 sind die entsprechenden Elemente bei P als Kugeln, bei Q als Sternkörper gekennzeichnet. Wir bilden nun die Differenzmengen $P - Q$ und $Q - P$, welche disjunkt sind, da wir die gemeinsamen Elemente eliminiert haben. Ist eine der beiden Differenzmengen leer, etwa $P - Q$, dann ist P eine Teilmenge von Q und wir setzen $P < Q$. Sind beide Differenzmengen nicht leer, dann hat $P - Q$ ein grösstes Element p_{max} und $Q - P$ ein grösstes Element q_{max}, unter denen wir vermöge der totalen Ordnung in F schon vergleichen können. Wir setzen dann $P < Q$, falls $p_{max} < q_{max}$ und $Q < P$ falls $q_{max} < p_{max}$. Natürlich muss man zeigen, dass so wieder eine totale Ordnung auf den Powerset-Denotatoren über F definiert wird. Aber das ist eine rein mathematische Tatsache, die wir hier nicht beweisen werden. Ein Beispiel für diese Ordnungsrelation zeigt Bild 12.5.

Damit wurde das gesamte System der Denotatoren total geordnet und wir haben überall dort, wo Wörter auftauchen, die klassische lexikographische Ordnung übernommen. Damit ist die Ordnung der Encyclopédie natürlich eingebettet in unsere Ordnung. Es ist aber auch unsere Ordnung rekursiv definiert: Wir haben nicht eine willkürliche Ordnung von Fall zu Fall eingeführt, sondern ein generisches Verfahren, das immer wieder dieselben Konstruktionsregeln benutzt und damit eine universelle Ordnung auf Denotatoren ermöglicht.

Man kann sich natürlich fragen, ob denn diese „Ordnungswut" etwas mit Musikwissenschaft, mit Wissen überhaupt, zu tun habe. Das sieht zunächst nach Buchhaltung und nicht nach der Tiefe aus, die man beim Versuch, Musik zu verstehen, anstrebt. Hier spielt aber gerade die Definition, welche wir anfangs von Wissen gegeben hatten, nämlich als geordneter Zugriff auf Information. Wenn man das Weltwissen über Musik beherrschen will, muss man sich darin zurechtfinden, muss man die Information, die man besitzt auch durchforsten können, jederzeit und unabhängig vom aktuellen Stand. Durchforsten ist natürlich unverzichtbar, wenn man Aussagen machen will über das Repertoire, über das Vorkommen von Akkord-Sorten, über die Verteilung von Melodien oder Motiven in bestimmten ethnischen Kontexten. Ordnung ist auch unverzichtbar in der Klassifikation von

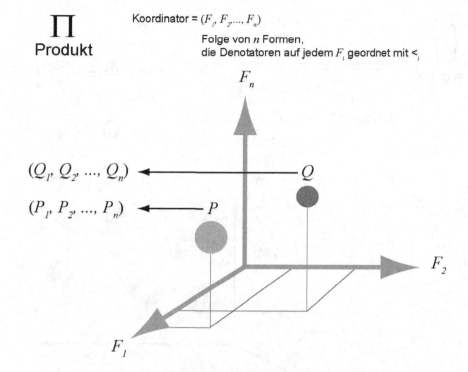

$\prod$
Produkt

Koordinator = $(F_1, F_2, ..., F_n)$

Folge von n Formen,
die Denotatoren auf jedem F_i geordnet mit $<_i$

F_n

$(Q_1, Q_2, ..., Q_n) \longleftarrow Q$

$(P_1, P_2, ..., P_n) \longleftarrow P$

F_2

F_1

Vergleiche jedes Q_i mit jedem P_i. Setze $P<Q$, falls für die erste Koordinate Nr. k, bei der sich die Koordinaten unterscheiden, die k-te Koordinate $P_k <_k Q_k$ erfüllt.

Klaviernoten-Denotatoren: $(0.5, 63, "mf", 3.5) < (0.5, 63, "p", 0.5)$, da $"mf" < "p"$.

$\pi(E,H,L,D)$

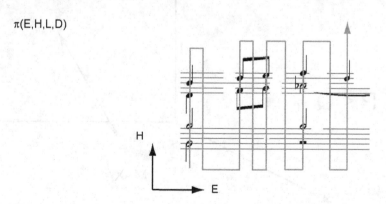

Abbildung 12.3: Ordnung auf Denotatoren vom Product-Typ

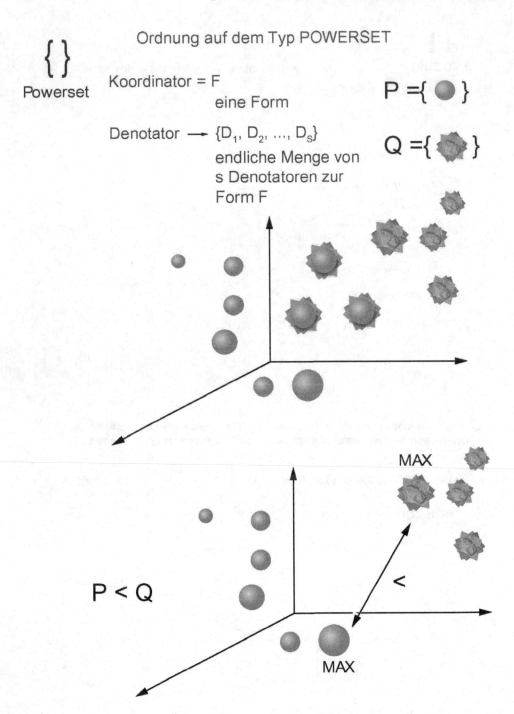

Abbildung 12.4: Ordnung vom Powerset-Typ

Abbildung 12.5: Ordnung unter Mengen von Klaviernoten

Melodien, wenn man den rechtlichen Standpunkt des Copyrights vertritt.

Die Unabhängigkeit der Ordnungsprinzipien vom aktuellen Stand ist darum essentiell, weil man so immer nach einigen wenigen Regeln Ordnung nutzen und erzeugen kann. Anderenfalls würde es ja nötig sein, wachsende Sammlungen von musikalischer Information immer wieder neu und willkürlich zu ordnen. Wir würden vor einem typischen Year-2000-Problem stehen, das daher kommt, dass man die Kalenderzeit nicht universell und dynamisch geordnet hat. Man hatte unter anderem geglaubt, Programme wären ohnehin im Jahr 2000 ganz anders. Wenn man diese Haltung im Aufbau des Weltwissens einnimmt, ist eine babylonische Sprachverwirrung unvermeidlich.

Man muss hier betonen, dass diese Ordnungs-Philosophie nichts zu tun hat mit Reglementierung der Kunst selber. Die Kunst selber ist aber nicht die Wissenschaft, sondern ihr Gegenstand und hier geht es um Wissenschaft. Unser Anliegen ist also keineswegs „totalitär", sondern ein genuines betreffend die universelle Orientierung im Wissen.

12.2   Passive und aktive Navigation

Das Wort „Navigation" kommt vom lateinischen navigare ~ navem agere, das
Schiff steuern und fortbewegen. Im Gegensatz zur heutigen Bedeutung von Navigation als einem orientierten Durchfahren eines Meeres (von Wissen oder von
was auch immer), ist das ursprüngliche Wort auch mit einer aktiven Seite geladen:
Man fährt nicht nur mit einer guten Karte bestückt, aber ohne grosse Aktivitäten
durch das Meer, man bewegt das Schiff auch vorwärts. Das führt darauf hinaus,
dass im Zeitalter der Wissensgesellschaft „Navigation" auf diese doppelte Wurzel
reflektiert werden sollte.

Die erste Sorte: passive Navigation, ist das, was man normalerweise auch vi-
suell oder unterstützt durch auditive Zeichen unternimmt, wenn man im Internet,
in Datenbanken oder in digitalen Bibliotheken surft. Es werden zur Zeit diverse Modelle solcher visueller Navigation entworfen, welche alle auf entsprechenden
Orientierungsparadigmen von Ordnungen (nicht immer totalen) basieren. Ein erstes Beispiel, das aus der 1997er Arbeit von Marti A. Hearst/Xerox Park stammt,
zeigt Bild 12.6, oben.

Wir haben also die Coprodukt-Typologie auf einer Reihe von Büchern, die in
Büchergestellen platziert sind, welche eine Gruppierung in Unter-Coprodukte erzeugt. Natürlich hat diese digitale Bibliothek einige raffinierte Features: Man kann
beliebig tief in Bücher hinabsteigen, entsprechende Links zu anderen Büchern her-
aufholen und die entsprechenden Werke in beliebiger Zahl neben dem aktuellen
Buch „auf den Arbeitstisch legen". Wie chaotisch es dabei zugehen kann, kann
sich jeder Leser vorstellen, der einmal eine umfangreiche Recherche vor sich hat
liegen sehen... Ferner ist dieses Paradigma zu speziell, denn mit Coprodukten ist
es bald zuende, sobald man in Einzelheiten eines Buches einsteigt. Das Paradigma benötigt offensichtlich eine Extension auf andere mögliche Objekt-Formen und
Form-Typen. Das Bild 12.6 unten zeigt, was man „sieht", wenn man ein digitales
Buch öffnet: Zum Beispiel eine ganz anders geartete Raumsituation der Neurolo-
gie. Die Bibliotheks-Metapher ist für die Karten dieser Wissensgeographie nicht
geeignet.

Einen anderen Versuch, die Vielfalt von Anhäufungen von Literaturrecher-
chen zu visualisieren zeigt die „Organic User Interface" oder „Butterfly" von
Mackinlay et al. (Bild 12.7, oben). Allerdings ist dieser „Schmetterling" eher ein
Verwirrspiel, jedenfalls ohne nähere Erklärung. Aber das Beispiel zeigt, wie in-
tensiv und angestrengt man gegenwärtig an visuellen Orientierungswerkzeugen
arbeitet. Unten in Bild 12.7 zeigen wir eine Klassifikation der Navigationswerkzeuge nach Peter Gloor: Man kann linken, textuell suchen, Sequenzen von Orten
als Weg aufbauen, hierarchisch surfen, Ähnlichkeiten erforschen, Übersichtsgeo-
graphien einblenden oder Agenten nutzen, die einem die Arbeit abnehmen sollten.

Übung 9. Abschliessend zur passiven Navigation diskutiere man als Übung Möglichkeiten der visuellen Navigation aufgrund des Ordnungsparadigmas auf Denotatoren.

Abbildung 12.6: Bibliotheksparadigma digitaler Wissensbanken (oben) und neurologischer Atlas des Menschen (unten)

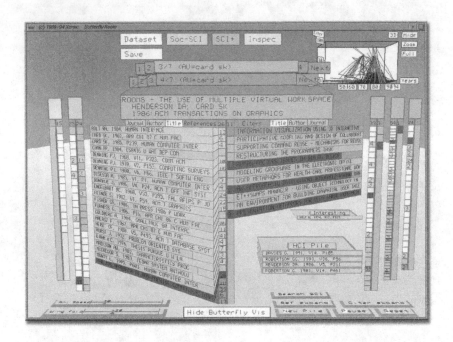

	Description	Example
Linking	Global linking structure of document	Hyperlink
Searching	Mechanisms for full-text search	Full-text search
Sequentialization	Mechanism for sequentially visiting selected locations within hyperdocument	Path
Hierarchy	Hierarchical table of contents	Table of Contents
Similarity	Connection between not-yet-linked but semantically related nodes	Index
Mapping	Graphical visualization of contents of hyperdocuments	Overview map
Agents	Mechanism to execute complex tasks on behalf of the user	Shopping agent

Abbildung 12.7: Organic User Interface von Mackinlay et al. (oben); Klassifikation der Navigationswerkzeuge nach Gloor (unten)

Neben dieser passiven Navigation sollte man aber in einer modernen Enzyklopädie auch aktiv navigieren können. Was ist darunter zu verstehen? Wenn man in einer Enzyklopädie Fakten abruft, ohne neue Erkenntnisse zu erzeugen, ist dies grundsätzlich eine passive Wissensarbeit. Hingegen kann man auch Fragen stellen, deren Antworten noch nicht zwingend in der Enzyklopädie enthalten sind, so zum Beispiel nach der Verhältniszahl des Werkanteils bei Beethoven, wo Kadenzen von Molltonarten vorkommen, die harmonisch Moll und nicht natürliches Moll aufweisen, gegenüber diesem Werkanteil bei Mozart. Dies kann eine schwierige Recherchier- und Gedankenarbeit bedeuten, bei der neue Erkenntnisse erst zu erstellen sind, weil noch niemand die Antwort auf diese Frage auf die Enzyklopädie gelegt hat.

Dies ist aktive Navigation: Fragen stellen, den Motor der Frage zur aktiven Bewegung durch das Wissen nutzen und eventuell die Software, so vorhanden, dazu nützen, komplexe Datenbanken zu durchforsten und auszuwerten.

In der RUBATO-Software sind die analytischen Rubetten und insbesondere die LoGeoRUBETTE (LoGeo = Logisch-Geometrisch) dazu entworfen worden, aktive Wissensnavigation zu leisten, eine Arbeit, deren Resultat den enzyklopädischen Korpus nachhaltig erweitert.

Im nächsten und letzten Kapitel werden Beispiele solcher aktiven Navigation besprochen.

Kapitel 13

Möglichkeiten und Grenzen einer Musikenzyklopädie des Informationszeitalters im Licht von Knowledge Science und Collaboratories

Übersicht. Zum Abschluss wagen wir noch einen kleinen Ausblick und wollen uns einen Überblick über aktuelle (Internet-)Projekte verschaffen. Es werden die Möglichkeiten und Grenzen einer „Musikenzyklopädie des Informationszeitalters" angesprochen. Als weiteres spannendes Thema diskutieren wir die verteilte Musik.

– Σ –

Wo stehen wir heute in der „Kartographierung" der Musik im Netz der Wissensgesellschaft? Wir haben gesehen, dass die Musik-Objekte selber: Noten, Töne, Partiturzeichen etc. in den Repräsentationssprachen schon recht gut darstellbar sind und auch für die Analyse und Performance Werkzeuge der Informationstechnologie zur Verfügung stehen und intensive weiterentwickelt werden.

Man kann sagen, dass von allen klassischen Künsten – und wohl auch von den neuen multimedialen Derivaten – die Musik und ihre Wissenschaft am meisten der Wissensgesellschaft des Informationszeitalters einverleibt worden ist. Dies liegt sicher an der Abstraktheit musikalischer Konstruktion, aber auch daran, dass die Klangsynthese durch digitale Medien bis hin zur Simulation realer traditioneller Instrumente die Wirklichkeit musikalischer Werke massiv zu virtualisieren vermocht hat.

Damit soll natürlich nicht suggeriert werden, Musik lasse sich auf ein virtuelles Level reduzieren. Die menschliche Tätigkeit des Musizierens, des Interagierens mit Instrumenten und MitmusikerInnen, die Auseinandersetzung mit der mentalen Partitur und dann die Mitteilung an das Auditorium, die in ihrer deiktischen Einmaligkeit als Dialog nie lexikalisch objektivierbar ist, all dies gehört substanziell zur Musik. Musikwissenschaft kann daran nicht vorbeischauen, das ist so sicher wie eben Wissenschaft die gesamte Realität und nicht einen bevorzugten Ausschnitt davon zu untersuchen hat. Und es ist ebenso sicher, dass die Musiksemiotik hier ein hochsensibles Scharnier zwischen Form und Inhalt verfügbar macht, um das adäquate Musikwissenschaft nicht herumkommt. Es wäre jedoch ein falscher Ansatz der Forschungsmethodologie und -strategie, das Scharnier der Semiotik zu forcieren, ohne die Potenz der Darstellungs-, Analyse-, Kompositions- und Performancewerkzeuge überall dort einzusetzen, wo Präzision, massive Vernetzung und Informationsverarbeitung der Sache angemessen sind und die Kreativität auf allen Ebenen der Beschäftigung mit Musik katalysieren.

Mehr noch als jede andere Geisteswissenschaft ist Musik ja auch immer eine Experimentalwissenschaft gewesen: „Learning by Doing", „Denken und Spielen" sind nicht Schlagworte und süffige Buchtitel, sondern Inhalte: Der Geist ist ein Experimentierfeld. Wie sagt doch Peter Sloterdijk dazu in „Selbstversuch" [31]:

> Wir sagen nicht mehr, die Welt ist alles, was von Gott so eingerichtet ist, wie es ist – nehmen wir es hin; wir sagen auch nicht, die Welt ist ein Kosmos, ein Ordnungsjuwel – fügen wir uns an der richtigen Stelle ein. Stattdessen meinen wir, die Welt ist alles, was der Fall ist. Nein, auch das ist noch zu scholastisch ausgedrückt, denn in Wahrheit leben wir, als wollten wir uns zu dem Satz bekennen: Die Welt ist alles, womit wir bis zum Zerbrechen experimentieren.

Es gilt nicht, analytische und kreative Dogmen gegeneinander in lächerlichen Dominanz-Ritualen auszuspielen. Vielmehr ginge es darum, die Fragen und Antworten von Komposition, Performance und Theorie in einen gegenseitigen Dialog, in ein Frage-und-Antwort-Spiel mit symmetrischen Rollen aufzulösen. Dies als Selbstexperiment des Geistes – nötig hätte er es zweifelsohne.

13.1 EncycloSpace

In dieser Perspektive erscheint eine Enzyklopädie im Zeitalter der Informationstechnologie nicht mehr so wie in der traditionellen Sicht. Die klassischen Charakteristika, einen *statischen Kosmos* in *passiver Zuschauer-Manier* in einem *textbasierten Diskurs* vorüberziehen zulassen, sind überholt worden durch *Dynamik*, *Interaktivität* und *Orientierung in universellen Ordnungsparadigmen*, von denen Text nur noch eine Variante ist (siehe Bild 13.1).

Wir nennen diesen Wissensraum in der Studie von 1998 für den Schweizerischen Wissenschaftsrat Humanities@EncycloSpace „EncycloSpace". Dieser Begriff

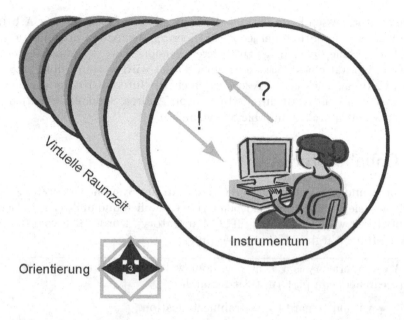

Abbildung 13.1: Der enzyklopädische Wissensraum der Informationstechnologie

bedeutet folgendes:

> Der EncycloSpace ist der topologische Corpus globalen menschlichen Wissens, welcher sich dynamisch in einer virtuellen Raum-Zeit entwickelt, interaktiv und ontologisch an die menschliche Wissensproduktion gekoppelt ist, und welcher eine uneingeschränkte Navigation entsprechend universeller Orientierung in einem hypermedial dargestellten Begriffsraum erlaubt.

Diese Extensionen des Enzyklopädiebegriffs haben auch für die Geschichtsschreibung und Quellenerfassung dramatische Konsequenzen. Denn war es in der statischen Welt das implizite Ziel der Produktion von Werken der Kunst und Wissenschaft, gültige Veröffentlichungen zu schaffen, so ist dies inzwischen nicht mehr nötig oder gar unerwünscht. Ein Übergangszustand vom endgültigen Werkzustand zum nie fertigen, dynamischen Werk sind die Versionsnummern von Software: Vor wenigen Jahren noch gab es alle paar Jahre beredt angekündigte Neuversionen 1, 1.02, 2, etc. Heute ist es üblich geworden, Versionen durch das Erstellungsdatum zu definieren und automatisch über das Internet anzubieten. So irrelevant ist das Update inzwischen: Nur noch Up-Date.

Wir arbeiten heute in einem vernetzten Produktionsfeld von Wissen, das in einem Tempo wächst, wo der Zustand selber gegenüber der Veränderung immer unwichtiger wird. Wir denken deshalb darüber nach, die Einbindung einer momentanen Version des Wissens als – obligaten – Denotator an jede Arbeit zu knüpfen.

Einem Denotator, dessen Form die globale raum-zeitliche Beziehung der Arbeit zu anderen Quellen automatisch bei jeder Veränderung der Arbeit dokumentiert. So kann die Version, die Quellenlage zu anderen Versionen etc. systematisch erfasst werden. Die Identität eines Werks oder einer Arbeit wird so zum Punkt im Strom seiner Entwicklung. Dies ist insbesondere auch bei Internet-Kompositionen wie etwa den Arbeiten von Karlheinz Essl oder von Andrea Sodomka essentiell: Die Identität entsteht interaktiv und bleibt dynamisch.

13.2   Collaboratories

Nach der ursprüngliche Definition sind Collaboratories Systeme vernetzter Zusammenarbeit, wie sie jetzt an verschiedenen Orten entstehen und in ihrer Ausprägung aktuell entwickelt werden. Der Begriff „Collaboratory" wurde 1989 vom Informatiker Bill Wulf der Virginia University geprägt:

> A Collaboratory is a 'center without walls' in which the nation's researchers can perform their research
>
> - without regard to geographical location,
>
> - interacting with colleagues,
>
> - accessing instrumentation,
>
> - sharing data and computational resources,
>
> - and accessing information in digital libraries.

Bild 13.2 zeigt einige Ausschnitte von Arbeitsumgebungen von Collaboratories, hier im Bereich Molekularbiologie. Die Experimente, der Datenaustausch, die Dialoge, die Protokollierung geschieht über Informationsnetzwerke und ist ständig allen Beteiligten zugänglich.

Wir haben auch in der Musikwissenschaft mit diesem Werkzeug gemeinsamer Arbeit begonnen, siehe etwa der Thesaurus Musicarum Latinarum (TML), Bild 13.3 bis Bild 13.5.

In der Zusammenarbeit mit der TU Berlin und dem IRCAM in Paris haben wir schon einige der in Bild 13.2 ersichtlichen Werkzeuge in Betrieb. So werden ständig Arbeitsprotokolle auf dem Internet verfügbar gemacht und über E-Mail, ftp-Transfer und andere Datenbahnen werden Software, Daten (Zahlentabellen aus Experimenten, Klangbeispiele, Partitur- und andere Denotatoren, Bilder und Grafiken etc.) und Texte ausgetauscht. Im erwähnten „Distributed Rubato" (Bild 9.11) werden dazu auch die Techniken des Java RMI benutzt.

Auch in der Zusammenarbeit mit der Universität Osnabrück über Performance-Aspekte von Bachs Kunst der Fuge wird das Arsenal der Hypermedien und ihrer Vernetzung massiv ausgenutzt (siehe Humanities@EncycloSpace, Fallstudie 3 anfangs des Berichts):

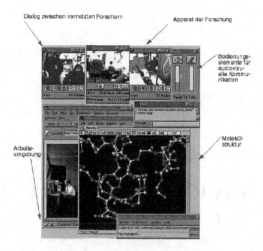

Abbildung 13.2: Collaboratory aus der Molekularbiologie (Experimentierstadium)

Im Rahmen eines DFG-Projekts an der Universität Osnabrück zur Analyse und Interpretation von Bachs „Kunst der Fuge" stellte sich 1996 die Frage eines Zusammenhangs zwischen harmonischen Strukturen und der Gestaltung von Aufführungs-Interpretationen der Komposition. Der Forscher kontaktierte per E-Mail das Multimedia Lab am Institut für Informatik der Universität Zürich, wo im Rahmen eines Projekts des schweizerischen Nationalfonds die Analyse- und Interpretationssoftware RUBATO entwickelt wurde. Um die Werkzeuge für harmonische Analyse zu implementieren, wurde von der Technischen Universität Berlin ein Programmentwurf eingeholt. Dieser wurde auf der Mathematik-Software Mathematica geschrieben und als Attachment per E-Mail nach Zürich übermittelt. Dort wurden die entsprechenden Algorithmen in die RUBATO Software eingebaut, getestet und nach Osnabrück weitergegeben. Letzteres geschah über den ftp-Server des Instituts für Informatik, da grosse Programmpakete via E-Mail nicht übermittelt werden können. In Osnabrück wurde das Programmpaket nun im Rahmen des DFG-Projekts angewendet. Die Resultate mussten nun auch statistisch genauer untersucht werden. Dazu wurden sie als Datenpakete an einen Spezialisten des Statistikdepartments der Universität Konstanz gemailt, der die statistische Analyse nun nach Osnabrück und Zürich zurücksenden konnte. Damit war ein Projektschritt realisiert worden, der vier verschiedene Kompetenzbereiche umfasste und nur elektronisch zu bewältigen war.

Abbildung 13.3: TML, Homepage

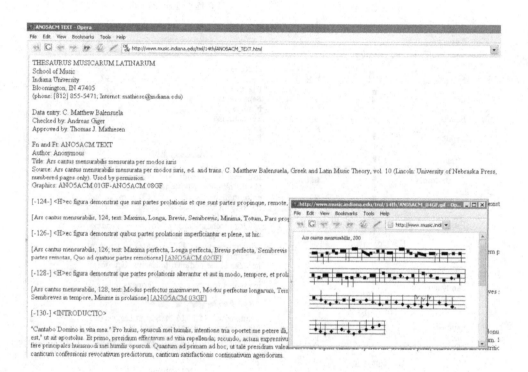

Abbildung 13.4: Ein Textausschnitt mit Bild von Mensuralnotation

version 13/XII/95

**TABLE OF CODES FOR NOTESHAPES, RESTS, LIGATURES,
MENSURATION SIGNS, CLEFS, AND MISCELLANEOUS FIGURES**

Noteshape codes are placed between brackets and must appear in the order given in this table. Each group of symbols under N, P, L, or M appears together with no spaces or punctuation; each noteshape, rest, ligature, mensuration sign, clef, or miscellaneous figure is separated from the following one by a comma.

NOTESHAPES

N1. Multiples[1]

Quadruplex	4
Triplex	3
Duplex	2

N2. Shapes

Maxima	▐	MX
Longa	▌	L
Brevis	■	B
Semibrevis	◆	S
Minima	◆	M
Semiminima	◆	SM
Addita	◆	A
Fusa	◆	F

N3. Coloration

nigra[2]	b
vacua	v
rubea	r
semivacua	sv
semirubea	sr

N4. Tails[3]

cauda	c
plica	p
cauda yrundinis	cy

N5. Direction[4]

sursum	s
deorsum	d
dextre	dx
sinistre	sn
oblique	o

N6. Flags[5]

vexilla [preceded by number[6]]	vx
retorta	vxrt
dextre	vxdx
sinistre	vxsn

RESTS

P1. Multiples (optional)

Quadruplex	4
Triplex	3
Duplex	2

P2. Shapes

Maxima	MXP
Longa	LP[7]
Brevis	BP
Semibrevis	SP
Minima	MP
Semiminima	SMP
Addita	AP
Fusa	FP

LIGATURES[8]

L1. Ligatures are indicated by "Lig" followed (in this order and as applicable) by: (1) the number of notes in the ligature; (2) coloration (see N3 above); [9] (3) cs or cd and the side on which the tail appears (see N4-5 above); and (4) the intervals in order, with "a" for ascending and "d" for descending, with additional tails indicated in the order in which they appear. [10] If a subsequent note in a ligature is turned back over the preceding note (as in the podatus, porrectus, liquescent neumes, plicas, etc.), the letter indicating the interval is followed by "rt." For example:

would equal [M,M,M,M,S,B,pt,Lig2cssnod, Lig4cssnaodacddx,pt,Lig5aadd,MX]

MENSURATION AND PROPORTION SIGNS

M1. Shape

Circle	O
Semicircle open on the right	C
Semicircle open on the left	CL
Semicircle open on the top	CT
Semicircle open on the bottom	CB
Rectangle	R
Triangle	TR

Abbildung 13.5: Ein Textausschnitt mit Bild von Mensuralnotation

Inzwischen sind die metrischen und melodischen Analyse der Kunst der Fuge durch
Joachim Stange-Elbe inm Rahmen seiner Habilitation [32] auch auf CD-ROM
gebrannt und als riesige Mengen von Denotatoren im Prinzip als Erweiterung des
EncycloSpace Realität.

Eine weitere Fallstudie zeigt, dass die Globalisierung des Wissens auch die
Forschung radikalt verändert (siehe Humanities@EncycloSpace, Fallstudie 4):

> An einer Musikologenkonferenz in Berlin wurde im Sommer 1996
> eine statistische Studie über die Gestalt von Tempokurven bei
> der Interpretation von Schumanns „Träumerei" vorgestellt. Die
> Resultate basierten auf lediglich zwei Tempo-Messungen zu einer
> privaten und einer auf CD festgehaltenen Interpretation des Pia-
> nisten Jörg Demus. Die Resultate konnten aber nicht in Anspruch
> nehmen, statistisch signifikant zu sein, da der Forscher es unter-
> lassen hatte, die heute weltweit elektronisch verfügbaren Tempo-
> Messungen von 28 prominenten Interpretationen der „Träumerei"
> zu benutzen. Diese 1992 von Bruno Repp durchgeführten Messun-
> gen, die unter anderem Interpretationen von Argerich, Brendel,
> Demus, Horowitz, etc. erfassen, sind via E-Mail jederzeit elektro-
> nisch (als ASCII-Daten) abrufbar und können so auch für weitere
> Untersuchungen von allen Forschern benutzt werden.

13.3 Verteilte Musik

An der Klangart-Konferenz von 1999 an der Universität Osnabrück unter dem
Titel „Global Village – Global Brain – Global Music" wurde das Problem der
Globalisierung in Referaten und einem Podiumsgespräch thematisiert. Es wurden
dabei die folgenden kritischen Perspektiven erkannt:

- Welche Kräfte und Effekte setzt die fast reibungslose Kommunikation via
  Internet (Kommunikation auf dem Temperatur-Nullpunkt 0 Grad Kelvin:
  Supraleitung) frei? Kommt es zu einer Verflachung der Musik? Dazu ist zu
  beachten, dass Skepsis und Ablehnung von neuen Medien schon immer statt-
  gefunden haben. So hat auch Platon die Entwicklung der Schrift gegenüber
  der oralen Tradition als Gefahr für das Wissen gesehen, welches nun nicht
  mehr verinnerlicht, sondern auf einen Text gebannt wird. Die Erfindung der
  Druckerei durch Gutenberg wurde von der katholischen Kirche als Gefahr
  gesehen, da damit der Zugriff auf Schlüsseltexte aus den Händen des Klerus
  gegeben wurde. Auch das Aufkommen des Taschenbuchs in den Sechzigern
  des 20. Jahrhunderts wurde als Gefahr für wirkliche Bildung gesehen, und
  das TV wurde und wird immer wieder als Untergang der Kultur angesehen.
  Als es erfunden wurde, hat man ihm als Medium überhaupt kein Potenzial
  zugestanden!

Ernst zu nehmen ist die Gefahr der Verflachung von Musik im Sinne einer „international breakfast culture", wo alle regionalen Idiome zugunsten von tourismustauglichen Universalien verdrängt werden. Was nicht allen schon vom Flugzeug und von den Charts her bekannt ist, wird verdrängt.

- Wird das Internet durch das freie Spiel der Kräfte der Mächtigen versklavt? Hier haben sich zwei entgegengesetzte Tendenzen herausgeschält: Erstens beobachtet man, dass diejenigen, welche schon mit den klassischen Medien Erfolg und Einfluss hatten, dies nun im Internet wiederholen. Zweitens scheint es aber, dass die Mächtigen (Konzerne, Gesellschaften, etc.) immer träger sind als kleine, spontan organisierte Zellen. Es wird argumentiert, dass im Dschungel des Internets die Versklavung durch wenige Grosse durch die Schnelligkeit der „Internet-Guerilla" sabotierbar ist. Zumindest unsicher ist diese Option, wenn man die Möglichkeiten der grossen Gesellschaften bedenkt, in der Kommunikation ihrer Angebote (OS, SW updates, iTunes) unkontrolliert Informationen über die Benutzer zu beschaffen.

- Es fragt sich, ob das neue Medium Internet auch eine neue Aesthetik hervorbringt. Diese Perspektive ist immer auch an die These des Medientheoretikers Marshall McLuhan „The medium is the message" gekoppelt. Insbesondere wird der Werkbegriff hier zu überdenken sein. Wir haben schon in der Diskussion des Begriffs Encyclospace erkannt, dass die Zeitachse nun in Form der Versions-Nummer integraler Bestandteil von Dokumenten wird. Das Musikwerk wird nun also auch grundsätzlich zeitabhängig zu denken sein. Man müsste also hier den ersten Satz in Wittgensteins tractatus: „Die Welt ist alles, was der Fall ist." abändern und sagen: „Die Welt ist alles, was mit der Zeit der Fall ist." Ansätze für eine positive Bewertung der Zeitachse erkennt man etwa in Karlheinz Essls Werken, die nie fertig sind und auch sprechende Titel wie „Flow" tragen. Eberhard Schöner, ein erfolgreicher TV-Komponist, berichtet, dass bei einem mittels Video vernetzten internationalen Konzert in verteilten Räumen, welches er dirigierte, die zeitliche Verzögerung (das Delay) nicht als Fehler, sondern als Feature dieser globalen Musik interpretiert wurde.

- Es wird auch die Veränderung der Musikpädagogik in Richtung Edutainment angesprochen, aber auch die Chance, dass sich Hochschulen massiv spezialisieren können und dabei wegen der globalen Präsenz Erfolg haben.

Diese Konferenz zeigt dramatisch, an welcher Wegegabelung man hier steht. In einer Richtung wird die radikale Skepsis gegen Medien sichtbar. So etwa in dem Zitat von Enrico Fubini: „Die ganze Medienkultur ist ein Verrat." Der Medientheoretiker Norbert Schläbitz erklärt diese Aussage in seinem Referat so:

> Der Computer par excellance ist das verräterische Medium schlechthin, indem er die Kunst aus den Zirkeln einer ehemaligen Geheimwissenschaft herausführte in die offene, soziale Gemeinschaft. Er macht alle Kunst, indem er den Zugriff erlaubt, öffentlich und - wenn man so will - gemein. Neue Medien befördern die Breitenwirkung und, indem sie solches leisten und verstehend teilnehmen lassen, verallgemeinern sie. Sie lassen an Wissenswelten teilhaben, die bislang ein Geheimnis umgab, das nur wenige zu lesen verstanden. Jede Veröffentlichung ist daher, wie Flusser schreibt, ein Geheimnisverrat. „Wenn man ein Geheimnis divulgiert [= Geheimnis verraten, Norbert Schläbitz], weiht man nicht ein, sondern entweiht."

Andererseits beschreibt der Computerkomponist Georg Hajdu die Zukunft der vernetzten Echtzeitkomposition am Beispiel von Tod Machovers Brain Opera, die am MIT Media Lab in Boston durch 50 Mitarbeiter entwickelt und 1996 in NYC erstmals aufgeführt wurde (siehe Bild 13.6). Hajdu charakterisiert Internetmusik anhand der Brain Opera durch folgende 6 Kriterien:

1. Vernetzung

2. Algorithmen

3. Interaktivität

4. Echtzeit

5. Improvisation und Komposition verschmelzen

6. starke soziale Komponente (Miles Davis: Jazz replaced by Social Music)

Karlheinz Essl bringt den Punkt 5 noch besser zum Ausdruck, indem er in seinem Referat fordert, dass das Werk nicht mehr ein interpretierbarer Code sei (Partitur), sondern ein Meta-Modell, welches als Software ein Potenzial von Musikstücken ermöglicht und auch nicht mehr vom Komponist konkret angewendet, sondern an potenzielle Nutzer delegiert wird, die auf ihren PCs das Meta-Modell verwenden und die Musik autonom herstellen. Der Komponist wird hier also zum Meta-Komponist, das heisst zum Musikweltenschöpfer! Durchaus eine neue Sorte von Schöpfer-Phantasien...

Die Allgegenwarts-Phantasien, eine Variante der Schöpfer-Phantasien, haben allerdings schon längere Zeit vor dem Internet in den Köpfen der Musiker gespukt, so etwa in den Kompositionen des Jazz-Saxophonisten und -Komponisten Anthony Braxton. Er hat 1977-78 die Komposition Nr. 82 „For Four Orchestras" realisiert mit $160 = 4 \times 40$ Musikern in vier Konzertsälen und auf LP festgehalten. Seine Kompositionen beschreibt er mit einer Geheimschrift (siehe Bild 13.7). Zu seinen Projekten gehören auch Komposition zwischen verschiedenen Planeten und sogar Galaxien...

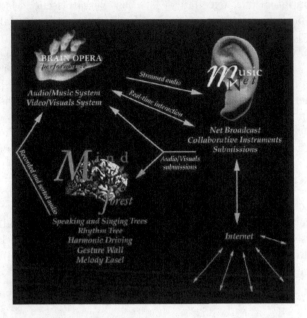

Abbildung 13.6: Tod Machovers Brain Opera

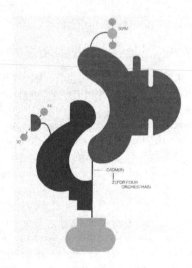

Abbildung 13.7: Anthony Braxtons „For Four Orchestras"

13.4 Musiktopographie global verteilter Musik

Nach diesen einführenden Betrachtungen wollen wir die Musiktopographie der global verteilten Musik beschreiben. Diese erfährt dabei eine dreifache Entfaltung:

Erstens eine durch die Raumzeitkoordinaten, welche die Globalisierung beschreiben. In der Tat findet nun Musikproduktion und -rezeption an verschiedenen Orten und zu verschiedenen Zeiten statt. Diese ist natürlich schon immer so gewesen, aber hier bezieht sich die Veränderung auf ein bestimmtes Werk und die Raumzeit-Punkte wirken aufeinander ein (Interaktion). Dasselbe Werk wird in seiner Poiesis und Aesthesis verteilt definiert.

> Verschiedene Agenten, ob Menschen oder Maschinen, produzieren interaktiv ein Werk an verschiedenen Orten und zu verschiedenen Zeiten.

Dazu kommt *zweitens*, dass die soziale Interaktion auch die Beziehung Poietik-Aesthesis insofern intensiviert, als die Wahrnehmung durch die Interaktivität unmittelbar in die Schöpfung übergehen kann: Die früher vor allem in der Improvisation, etwa im Jazz, existierende

> Einheit von Komponist, Interpret und Hörer

wird nun durch das neue Medium zum allgemeinen Paradigma.

Drittens ist das Werk selber nicht mehr jene zeit- und ortsunabhänige Instanz, sondern verschwimmt in der Zeit durch seine Versionierungen und ständige interaktive Fortspinnung, und im Raum durch seine verteilte Präsenz einerseits bei den ZuhörerInnen, aber auch bei den (wie gesagt zum Teil identifizierten) KomponistInnen.

> Das Werk wird in seiner Existenz in Raum und Zeit verteilt und erst so auch definiert.

Bild 13.8 veranschaulicht diese drei Faktoren. Wir wollen diese veränderte Sachlage an drei Beispielen diskutieren:

1. Apples iPod

2. Tanakas Malleable Mobile Music

3. Wolframs und Armangils/Mazzolas Klingeltöne.

Als Referenz für diese neue Welt verweise ich auf das Buch „Consuming Music Together" [24].

13.4.1 Apples iPod

In seinem Beitrag im gerade erwähnten Buch zum iPod sagt Michael Bull: „The iPod changes emotional control of one's life." Er berichtet anhand einer Umfrage unter 1004 Personen mit 35 Fragen in UK, USA, CH, DK.

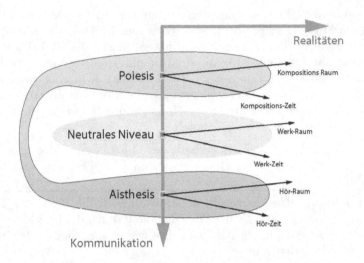

Abbildung 13.8: Zur Topographie global-verteilter Musik

Abbildung 13.9: Der iPod (hier: Version nano, schwarz) von Apple

Abbildung 13.10: Das mobile Steuergerät für Malleable Mobile Music

Man geht hier davon aus, dass Musik die emotionale Befindlichkeit des Menschen massiv beeinflusst. Dies ist sowohl psychologisch, als auch neurophysiologisch nachgewiesen worden. Wir verweisen hier insbesondere auf unsere eigenen Arbeiten zur Wirkung von konsonanten und dissonanten Harmonien auf das limbische System des Menschen, also auf das Gefühlshirn [19].

Die Möglichkeiten des iPod sind gegenüber früheren mobilen Musiktechnologien wie dem Walkman massiv erweitert:

- Man kann grosse Teile der persönlichen Musiksammlung auf den iPod legen und hat damit ein enormes Repertoire an Musik ständig und überall verfügbar. Aktuell sind maximal 60 GB, was rund 90 CDs oder 12×90 CDs mit MP3-Faktor 12 entspricht. Für 15 Songs pro CD gibt das also rund 15'000 Songs.

- Man kann auf verschiedenste Situationen durch gezieltes Abrufen oder durch zufällige shuffle-Auswahl reagieren.

Das heisst, dass beispielsweise im Auto bei Einsamkeit oder bei der Arbeit zur Unterstützung der Arbeitsstimmung gezielt Musik eingesetzt werden kann. Dieser Musikraum ist auch mit der Kathedrale und mit dem Citroen DS als Kultraum verglichen worden.

In New York, Boston, Melbourne etc. gibt es iPod-Klubs, in welchen diese Vorräte gemeinsam zelebriert werden. In den Theorien zur Urbanität gibt es verschiedene Ansätze der Erklärung diese Phänommens:

1. Die Stadt wird als negativer Raum interpretiert, worin man sich wie in einer „privaten auditorischen Blase" abkapseln kann.

2. Die Stadt wird im Sinne von Walter Benjamin als Flanierraum verstanden, als ästhetisches Environment, welches durch die Musik klanglich ergänzt wird.

Die psychologischen Faktoren des iPod-Phänomens sind wie folgt erkannt worden:

- Intensive Kontrolle von Stimmung und Emotionen

- Ausgrenzung des externen Sounds

- Persönlicher Soundtrack zur Kultur

- Filmmusik zur Stadt als Film

- Mittel gegen Isolation und Einsamkeit

- Kontrolle des inneren Chaos

- Kontrolle der Interaktion mit anderen: „non-gaze" bei Frauen

- Zeitkontrolle

- Energie-Lieferung durch Musik

13.4.2 Malleable Mobile Music

Dieses Projekt des Japaners Atau Tanaka von Sony CSL in Paris ist ziemlich radikal, aber noch nicht ausgetestet. Der Ansatz ist jedoch äusserst interessant.

Die Idee von Tanaka ist, dass jedes Instrument eine idiomatische Schreibweise seiner Musik erfordert. Das bedeutet, dass man für Klavier ganz anders schreibt als für Geige oder Orgel. Tanaka versteht das Internet als riesiges neues Instrument und verlangt, dass man dafür ein eigenes Idiom ersinnt. Nach seiner Meinung hat auch das Internet eine Stimme, die es gilt hörbar zu machen. Für ihn sind die Verzögerungen (latencies) in der Übertragung im Internet einfach eine virtuelle Variante der klassischen Raumakustik!

So hat er etwa den Global String gebaut, eine halb physikalische, halb virtuelle Riesensaite, die an beiden Enden in verschiedenen Städten 15 Meter lang und 16 mm dick ist und durch Sensoren zwischen den Enden kommuniziert und so bespielt werden kann. Er sagt dazu: „The body of the string is the internet".

Tanaka ist der Meinung, dass der iPod und die Geräte, welche bestehende Musik verteilen, eigentlich immer nur Vergangenes transportieren. Sein Programm ist es „to establish musical identity of an individual with a community."

Jeder Benutzer bekommt einen PDA (Personal Digital Assistant) wie in Bild 13.10 abgebildet, welcher neben den Eingabefeldern für Musiksteuerung auch einen Sensor für Beschleunigungen der Körperbewegungen enthält. Damit will Tanaka auch unbewusste Faktoren der gesellschaftlichen Bewegung (in der Stadt herumlaufen, sich setzen, etc.) in die Musikproduktion einfliessen lassen. Das System wird von mehreren Personen bedient, welche einen Server ansteuern, wo Musik gemeinsam hergestellt und modifiziert wird, um nachher als Produkt überall hörbar zurückgegeben zu werden. Man geht dabei zuerst von einem gemeinsam gewählten Musikstück in MP3-Format aus. Dieses wird dann durch verschiedene Manipulationen kollaborativ neu gestaltet. Bild 13.11 zeigt das Netzwerk-Schema.

Die Musik wird durch verschiedene FFT-Analysen segmentiert und auf Tempo untersucht. Danach ergeben sich ganz elementare Gruppierungs- und Taktinformationen, die dann noch mit in den verfügbaren Publikationen nicht genauer erklärten Operationen auf dem Material zu „neu-getrübtem Musikbirchermüesli" vermanscht werden. Ein Test steht allerdings noch aus...

13.4.3 Klingeltöne nach Wolfram und Armangil/Mazzola

Das letzte Kapitel der global-verteilten Musiktechnologie ist einer trivialen, aber soziologisch immer wichtiger werdenden Verzweigung, den Klingeltönen für das Handy, gewidmet.

Klingeltöne sind so etwas wie klingende Signaturen von Benutzern und können zur Identifikation im Handy-Verkehr benutzt werden. Das Problem dabei ist die Anpassung der Klingeltöne an das Individuum. Dazu stellt sich zunächst die Frage nach dem Vorrat an Musik. Der Status quo ist, dass man aus bestehender Musik über das Internet eine grosse Zahl von solchen Signaturen herunterladen kann,

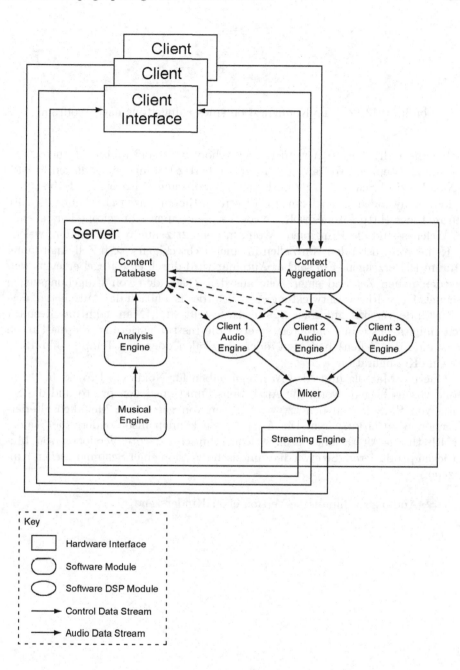

Abbildung 13.11: Das mobile Steuergerät für Malleable Mobile Music; Schema nach Tanaka, see [33].

Abbildung 13.12: Eine Konfiguration eines Klingeltons nach Wolfram

die aber nie individuell sein werden! Der Schöpfer des bekannten Mathematica-
Programms, Stephen Wolfram, hat nach der Fertigstellung seines dicken Buches
"A New Kind of Science" 2002 auch angefangen, seine Prinzipien auf Musikpro-
duktion anzuwenden. Man kann mit diesen Methoden inzwischen über die Site
WolframTones (http://tones.wolfram.com) seine eigenen Klingeltöne herstellen.

Welches sind die Prinzipien? Wolfram benutzt zelluläre Automaten, welche
eine Reihe von Zuständen von Zellen in einer rechteckigen e × h Zell-Anordnung
im Raum EH erzeugen. Ein solcher Automat wird durch eine Regel erzeugt, welche jeden neuen Zustand einer Zelle aus den Zuständen von Umgebungszellen
errechnet. Die zeitliche Entwicklung entspricht der Evolution des Automaten, dessen Zustände vertikal auf einer Spalte dargestellt sind. Man kann das Resultat
durch einige Constraints variieren, so etwa die Instrumentierung, die die Farben
(=Zustände der Zellen) bedeuten, oder die Skalen oder das Tempo. Bild 13.12
zeigt eine Konfiguration.

Guerino Mazzola und Alev Armangil haben für Nokia ein Projekt für Klingeltöne vorgeschlagen, worin die Alterations-Funktionen von presto und die Semantik von SMS-Texten benutzt werden, um von gegebenen Melodien alterier-
te Versionen zu produzieren. Die Alterationen können insbesondere die Skalen-
oder Rhythmus-Alterationen sein, welche ethnisch-gefärbte Versionen von Musikstücken produzieren. So etwa die chinesische Version einer Schumannschen Kinderszene.

♪ Audio 25: Chinesische Version einer Kinderszene

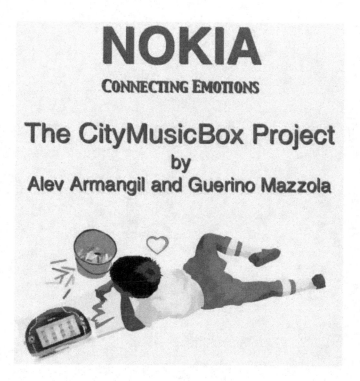

Abbildung 13.13: Das Nokia-Projekt

Kapitel 14

Die Zukunft der Musikinformatik in der Schweiz

Teil III

Referenzen

Klangbeispiele

Die im Text erwähnten Klangbeispiele können von

🐚 www.encyclospace.org/AudioElemente

heruntergeladen werden.

1. Robert Schumanns "Hasche-Mann"(Martha Argerich, Ausschnitt)

2. Stockhausen Klavierstück IX (Herbert Henck 1985/86, Ausschnitt)

3. Steve Coleman; # 1 der CD "The Sonic Language of Myth"(Ausschnitt)

4. Martha Argerich: Kinderszene # 7(Ausschnitt)

5. Kinderszene: linke Hand mit Gewichten

6. Urtext der Komposition Papago"

7. Urtext "Papago" mit zugefügter zweiter Stimme

8. Fuego-CD: "Papago" im Trio Rissi–Mazzola–Geisser (Ausschnitt)

9. CD (Yavapai): "Tohono O'Otam"(Nordindianischer Titel, synynym zu "Papago", Ausschnitt)

10. Sonifizierung der metrischen Analyse in der Kunst der Fuge (Joachim Stange-Elbe)

11. Czerny: 3 Versionen

12. Czerny: Version Zahorka

13. Diverse Versionen Chopin: Flach (=Deadpan), Anfänger, "Alter Barenboim", "Pollini"

14. Hauptthema "Kunst der Fuge" und dessen Gestaltung mit der Performance-RUBETTE

15. "Kuriose Geschichte": Deadpan (Prima Vista, keine Gestaltung!)

16. "Kuriose Geschichte": Gestaltung mit RUBATO

17. Vergleich mit Interpretation Martha Argerich (Ausschnitt)

18. "Kuriose Geschichte": Vergleich mit Interpretation Tatjana Nikolajewa (1992, Ausschnitt)

19. Florence Foster-Jenkins: "Die Königin der Nacht" aus Mozarts "Zauberflöte" (Ausschnitt)

20. Kinderszene 1 (Argerich) "Von fremden Ländern und Menschen"

21. Kinderszene 1 verfremdet: "Mystery Child"

22. Charles Baudelaire: "Les Fleurs du mal/La mort des artistes": Prosodie und poetische Funktion im Sinne Roman Jakobsons. (CD: Guerino Mazzola, Synthesis, 3. Satz)

23. "Synthesis": Die Variationen mit Klavier durchgespielt

24. "Synthesis": Ganzer 2. Satz

25. Chinesische Version einer Kinderszene

Literaturverzeichnis

[1] Ackermann Ph: Developing Object-Oriented Multimedia Software. dpunkt, Heidelberg 1996

[2] Auroux S: La sémiotique des Encyclopédistes. Payot, Paris 1979

[3] Barthes R: Elemente der Semiologie. Suhrkamp, Frankfurt/M. 1983

[4] Bøgh Andersen P: A Theory of Computer Semiotics. Cambridge University 1997

[5] Brandenburg K and Stoll G: ISO-MPEG-1: A Generic Standard for Coding of High-Quality Digital audio. J. of the Audio Engineering Society, Vol. 42, No. 10, 1994

[6] Buser P and Imbert M: Audition. Hermann, Paris 1987

[7] Busoni F: Entwurf einer neuen Aesthetik der Tonkunst. Suhrkamp, Frankfurt/M. 1951

[8] Czerny C: Vollständige theoretisch-praktische Pianoforte-Schule (op. 500). 1840

[9] Dahlhaus C et al.: Neues Handbuch der Musikwissenschaft, Bd. 1-13: Athenaion und Laaber, Laaber 1980-1993

[10] Descartes R: Musicae Compendium. Herausgegeben und ins Deutsche übertragen als "Leitfaden der Musik" von J. Brockt, Wiss. Buchgesellschaft, Darmstadt 1978

[11] Göller S und Milmeister G: Distributed RUBATO: Foundation and Multimedia Rendering. In: Mazzola G et al. (eds.): Perspectives in Mathematical and Computational Music Theory. EpOs music, Osnabrück 2004

[12] Hanslick E: Vom Musikalisch Schönen. Breitkopf und Härtel (1854), Wiesbaden 1980

[13] Jackendoff R and Lerdahl F: A Generative Theory of Tonal Music. MIT Press, Cambridge MA 1983

[14] Kircher A: Musurgia Universalis, Rom 1650

234 Literaturverzeichnis[15] Komparu K: Noh. Weatherhill/Tankosha, New York 1983

[16] Kopfermann M: Kommentar zu Retis Beitrag in Robert Schumann II, Musik-Konzepte Sonderband. edition text + kritik, München 1982

[17] Luhmann N: Die Wissenschaft der Gesellschaft. Suhrkamp, Frankfurt/M. 1990

[18] Mazzola G et al.: Comprehensive Mathematics for Computer Scientists, Vol. II. Springer, Heidelberg et al. 2004

[19] Mazzola G: The Topos of Music. Birkhäuser, Basel et al. 2002

[20] Mazzola G et al.: Humanities@Encyclospace. Schweizerischer Wissenschaftsrat 1997, www.encyclospace.org

[21] Mazzola G: Geometrie der Töne. Birkhäuser, Basel et al. 1990

[22] Mazzola G and Hofmann G R: Der Music Designer MD-Z71 - Hardware und Software für die Mathematische Musiktheorie. In: Petsche H (ed.): Musik - Gehirn - Spiel, Beiträge zum 4. Herbert-von-Karajan-Symposion. Birkhäuser, Basel 1989

[23] Noll J: Musik-Programmierung. Addison-Wesley, Bonn 1994

[24] O'Hara K & Brown B (eds.): Consuming Music Together: Social and Collaborative Aspects of Music Consumption Technologies. Springer, Heidelberg et al. 2006

[25] Orlarey Y et al.: Lambda Calculus and Music Calcului. In Proceedings of the International Computer Music Conference. ICA 1994

[26] Posner R et al. (Hrsg.): Handbuch der Semiotik, Bd. 3, Hrsg. R. Posner et al., de Gruyter, Berlin 2000

[27] Reti R: The Thematic Process in Music (1951). Greenwood Press, Westport 2nd ed. 1978

[28] Riemann H: System der musikalischen Rhythmik und Metrik. Breitkopf und Härtel, Leipzig 1903

[29] Saussure, F de: Cours de linguistique générale (1916). Payot, Paris 1922

[30] Schriber P: Das neue Audiospeicherformat MP3. Diplomarbeit, Institut für Informatik, Universität Zürich 2000

[31] Sloterdijk P: Selbstversuch. Hanser, München und Wien 1996

[32] Stange-Elbe J.: Analyse- und Interpretationsperspektiven zu J.S. Bachs "Kunst der Fugemit Werkzeugen der objektorientierten Informationstechnologie. Habilitationsschrift (Manuskript, verfügbar in mehreren deutschen Bibliotheken), Osnabrück 2000

[33] Tanaka, A, Tokui, N, and Momeni, A: Proceedings of ACM Multimedia, Facilitating Collective Musical Creativity, 2005

[34] van der Waerden B L: Die Pythagoreer. Artemis, Zürich 1979

[35] Vossen G: Datenmodelle, Datenbanksprachen und Datenbank-Management-Systeme. Addison-Wesley, Bonn 1994

[36] Wiggins G et al.: A Framework for the Evaluation of Music representation Systems. Computer Music Journal 17:3, 1993

Index

Printed in the United States
By Bookmasters